서양 점성술의 12별자리 시크릿

서양 점성술의 12별자리 씨크릿

초판 1쇄 인쇄 2020년 01월 17일
초판 1쇄 발행 2020년 01월 24일

지은이   임지혜
감수   신영호

편집   김지홍
디자인   이미리

펴낸곳   도서출판 이스턴 드래곤
주소   서울특별시 영등포구 당산로 50길 2 서울빌딩
등록   2018년 3월 6일 제2018-000066호
이메일   metal38316@gmail.com

값   17,000원
ISBN   979-11-966414-4-3 94180
ISBN   979-11-966414-3-6 (세트)

• 이 책은 저작권에 등록된 도서로 저작권법에 따라 무단전재 및 복제와 인용을 금지합니다.
• 이 책 내용의 전부 및 일부를 이용하려면 저작권자와 도서출판 이스턴 드래곤의 서면동의를 받아야 합니다.
• 잘못된 책은 구입하신 서점에서 바꾸어 드립니다.

Twelve sign Secret of Western Astrology

서양 점성술의 12별자리 씨크릿

로즈 임 지혜 저
피크닉 신 영호 감수

§ 머리말 §

본인은 본서에 약 7년간의 점성술 강의와 별도의 공부를 통해서 얻은 노하우들을 아낌없이 풀어놓았습니다. 본서는 점성술에 입문하는 학인들뿐만이 아니라 실전에서 상담하시는 분들의 점성술 요약서로서도 많은 도움이 될 것이라고 생각합니다. 본서가 완성될 때까지 오랜 시간 기다려준 아들 고지형에게 깊은 감사의 말을 전합니다. 본서가 완성될 수 있도록 물심양면으로 도와주신 친정어머니께 감사드립니다. 신영호 선생님께 깊은 감사를 드립니다.

2019년 12월 24일 크리스마스이브 새벽에
로즈 임지혜 올림

§ 목차 §

1. 에리즈(Aries) _3월 21일 ~ 4월 20일 ··· 06

2. 토러스(Taurus) _4월 21일 ~ 5월 20일 ··· 32

3. 제머나이(Gemini) _5월 21일 ~ 6월 21일 ··· 52

4. 캔서(Cancer) _6월 21일 ~ 7월 22일 ··· 64

5. 리오(Leo) _7월 23일 ~ 8월 22일 ··· 78

6. 버고(Virgo) _8월 23일 ~ 9월 22일 ··· 94

7. 리브라(Libra) _9월 23일 ~ 10월 22일 ··· 110

8. 스콜피오(Scorpio) _10월 23일 ~ 11월 21일 ··· 120

9. 쎄지테리어스(Sagittarius) _11월 22일 ~ 12월 21일 ··· 140

10. 케프리컨(Capricorn) _12월 22일 ~ 1월 20일 ··· 158

11. 어퀘리어스(Aquarius) _1월 21일 ~ 2월 19일 ··· 182

12. 파이씨즈(Pisces) _2월 20일 ~ 3월 20일 ··· 206

§ 1. 에리즈(Aries)

3월 21일 ~ 4월 20일

> ♈ 키워드 (Rulership:도마사일 ♂ /익졸테이션 ☉)
>
> 공격적인, 리더, 개척적인, 독립적인, 대범한, 열정적인, 역동적인, 자신감이 넘치는, 위험을 기꺼이 감수하는, 끈기와 인내심이 없는, 에너지가 넘치는, 모험을 좋아하는, 모든 분야에서의 개척자, 발명가, 앞뒤 가리지 않고 덤비는, 행동 중심의, 이기적인, 열정적인, 비판적인, 저돌적인, 선동가, 골목대장, 에고가 가득한, 박서, 군인, 경찰, 소방관, 경쟁적인, 이기지 않고는 살 수 없는, 순간적이고 즉각적인, 즉흥적인, 어린, 새로운, 아이디어맨, 끊임없이 흥미와 자극을 추구하는, 숲감시원, 새로운 경험을 반기는, 새로운 사람 만나는 것을 좋아하는, 새로운 프로젝트를 시작하는, 일인자가 되어야 하는, 장군기질, 두려움 없는, 용기가 넘치

는, 피하지 않는, 위험을 향해 돌진하는, 두려움을 모르는, 생각에 앞서 행동하는, 가서 얻어내고야 마는, 저지르고 보는, 추진력, 골목대장 기질의, 정복을 즐기는, 난폭하게 소리 지르고 쿵쿵 두드리는, 첫 번째로 시도하려는 의지, 젊은 혈기, 관계를 형성하려는 남성적 의지, 성에 있어서의 남성적이거나 활발한 측면, 살아남으려는 본능, 삶에 대한 의지, 심리적으로 육체적으로 살아남으려면 때때로 적극적인 싸움이 필요한, 경쟁에서 이김, 자신의 자리를 강력히 주장하는, 전쟁, 군인, 자기주장을 관철시키려는 의지, 자신을 지키려는 의지, 결코 누구에게도 지지 않으려는 의지, 단호한, 무모한 결정, 전사, 일에 미친, 근육 키우는 일에 몰입하는, 남자는 힘이다, 자기 권리를 쟁취하기 위해 물불을 가리지 않는, 개인주의, 전투적인, 결정적인, 개척적인, 주도권에 대한 강한 집착, 강철이나 철을 다루는, 뭐든지 힘으로 얻어내려고 하는, 기계수리공, 몸으로 하는 운동, 차력사, (안 좋을 때는) 분노조절장애, 충동, 기업가, 불기운을 통제하기 어려운, 분노를 다루는 능력, 명예가 중요한, 집행자, 도발하는 자에 대한 즉각적인 행동력, 생각하지 않고 결정하는 충동성, 자물쇠수리공, 자기중심적, 힘과 활기가 최고치로 오는 순간이 마쓰가 발현되는 순간, 인내심이 없다, 금방 타오르고 금방 꺼져버리는, 열정적인, 흥분하는, 새로운 목초지를 찾아 모험을 떠나는, 흥미와 자극과 속력에 올인하는, 변화가 없으면 지겨워하는, 위험할수록 좋아하는, 생각이 빠른, 일, 사업, 돌격대장

♋. 시작과 출발, 탄생과 새로움을 의미하는 에리즈는 바로 이전 하우스인 파이씨즈를 마지막으로 12번 하우스를 모두 경험한 후에, 다시 새롭게 태어난 생명을 의미한다. 따라서 에리즈의 모든 행위는 즉흥적이고 본능적이며 타인을 배려하지 않는 성향을 지닌다. 특정 행성이 에리즈를 지날 때 개인은 이전의 고통스럽고 지지부진한 상황을 끝내고 새로운 출반 선상에 선다. 특히 특정 행성이 에리즈에 진입하는 시기 동안 개인은 일을 벌여 놓으려 하고, 무엇이든 새로운 일에 도전하려고 한다.

♋. 어둠을 뚫고 태어나 3, 4월 봄의 기운을 받고 쑥쑥 자라는 아기들처럼 에리즈는 생명력이 약동한다. 배고프면 울고 졸리면 자는 아기들처럼 에리즈는 자신의 본능에 충실하다. 이들은 항상 내가 먼저다. 남의 눈치를 보는 것은 에리즈가 가장 못 하는 일이다. 따라서 에리즈의 강렬한 생명 에너지는 용맹스럽지만 때로는 무모하다.

♋. 모든 것의 시작을 의미하는 에리즈는 계절로는 봄에 해당하며, 젊은이의 시간에 비유된다. 이들은 기운이 넘치고 스프링처럼 약동하며, 굽힐 줄 모르고, 저돌적이며 언제나 시작할 준비가 되어있다. 특히 공격과 도전에 대해 즉시 반응한다.

♋. 에리즈는 자극적이고 흥미 있는 일에 끌린다. 이들은 경쟁과 도전의식으로 똘똘 뭉쳐있고 10번 두드려서 쓰러지지 않는 나무는 없다고 생각하고 나무가 쓰러질 때까지 두드리는 사람들이다. 이들은 지고는 못 사는 사람들이지만, 일단 목적을 이루면 그 장소를 떠날 것

이다. 왜냐하면 이들에게 필요한 것은 나무를 얻는 것이라기보다, 나무와의 경쟁에서 이기는 것이기 때문이다.

♈. 에리즈는 새싹을 상징한다. 새싹은 어리고, 신선하고, 순진하며, 새로운 생명의 탄생이다. 따라서 이들의 어린 기운은 일종의 보호를 받아야 할 필요가 있다. 왜냐하면 에리즈가 강한 사람들이 자신의 힘을 잘못 사용하면 큰 낭패를 볼 수도 있기 때문이다. 이들은 생각 없이 자신의 넘치는 기운을 사용하여 사고에 연루되곤 하는 사람들이다. 따라서 에리즈가 강한 자녀를 가진 부모는 자녀가 자신의 기운을 바람직한 방향으로 전환할 수 있도록 이끌어 주어야 한다. 각종 스포츠나 복싱처럼 역동적 에너지를 분출할 수 있도록 이끌어 주는 지혜가 필요하다.

♈. 에리즈는 어린양이자 희생양을 의미하기도 한다. 그것은 이아손과 관련된 황금양의 신화와 관련된다.

♈. 에리즈의 시작하는 기운과 아이 같은 힘은 한계와 제한, 불능과 침잠을 의미하는 파이씨즈의 공간인 12번째 하우스를 빠져나오기 위해 필연적으로 강한 힘을 가질 수밖에 없다. 그러나 그의 힘이 아무리 강하다고 한들 그는 아기처럼 생각 없이 행동한다. 따라서 에리즈는 일종의 보호가 필요하다. 만일 에리즈가 케프리컨과 같은 강한 힘과 부딪힌다면, 한 번에 무너져 버리기도 한다. 왜냐하면 에리즈가 아들을 의미한다면, 케프리컨은 아버지를 의미하기 때문이다.

♈. 에리즈는 자신을 주장하는 힘이다. 에리즈는 곧잘 "나는 ~이다." 라고 의견을 주장한다. 에리즈는 어리지만 생명력이 약동한다. 한 마디로 갓 탄생한 아기가 날카롭고 큰 목소리로 울음을 터뜨려서 자신의 욕구를 표현하는 것과 같다. 사람은 나이가 들수록 그리고 성숙할수록 자기주장이 줄어든다고 한다. 따라서 성숙한 사람일수록 "나는…"으로 시작하는 문장에서 "나는…"이라는 1인칭의 주어를 일반적으로 빼는 경향이 많다. 이러한 점에서 에리즈의 강한 자기주장은 그의 미성숙함을 엿볼 수 있게 한다.

♈. 에리즈의 룰러인 마쓰는 힘과 공격성을 바탕으로 스스로를 지킬 수 있는 힘과 용기를 엿볼 수 있는 행성이다. 따라서 마쓰가 부실한 싸인에 위치하거나 좋지 않는 어스펙트와 많이 연결되어 있는 경우 싸워야 할 때 싸우지 못함으로써 자신을 지키지 못할 수 있다.

♈. 에리즈는 흥미가 사라지면 또 다른 흥밋거리를 찾아가는 성질이 있다. 이것은 일을 많이 벌려 놓지만 잘 끝맺지 못하는 성격으로 이어지기도 한다. 따라서 이들은 책임감이 없다는 평가를 받곤 한다. 에리즈가 자신의 에고를 긍정적으로 발현시킨다면 자신감과 자존감으로 표현되고 약하게나마 자신의 자존감을 지키기 위해 책임감을 발휘하기도 한다. 그러나 불의 책임감과 토러스와 같은 흙 싸인들의 책임감은 본질적으로 그 성질이 다르다. 에리즈는 불처럼 순간적이고 일시적인 책임을 통해 자신의 체면을 살리고자 하지만, 토러스는 흙처럼 성실성과 꾸준함을 통해 자신의 책임을 보인다.

♈. 에리즈의 사람들은 강한 자극이 필요한 사람들이다. 남녀 공히 아름답거나 강한 매력을 풍기는 상대에게 급한 호감과 열정을 느낀다. 그러나 에리즈는 일단 상대가 자신에게 넘어오면 빠르게 그들에 대한 열정이 식는다. 따라서 이들은 상대 그 자체를 사랑하기보다 정복할 수 있는 자신의 능력을 더 사랑한다. 따라서 상대가 강한 에리즈의 성향을 가지고 있다면, 절대 호락호락하게 보이면 안 된다. 이들에게 연민과 사랑을 주는 순간 이들은 마치 잡힌 물고기에게 미끼를 주지 않듯이 연인에게 무심해질 수 있다. 에리즈의 연인과 반드시 함께 해야 한다는 생각이 있다면 결혼 전에 남녀의 선을 확실히 긋는 것이 좋다. 이들이 상대에게 끊임없이 대쉬하는 것은 "10번 찍어서 안 넘어갈 사람은 없다."라고 생각하는 일종의 도전정신이다. 따라서 이들과의 연애에서 가장 중요한 것은 밀당이다. 에리즈와 어울리는 싸인은 제머나이, 리오, 리브라, 쎄지테리어스, 어쿼리어스다. 에리즈와는 모험과 도전정신이 가득한 활동적인 연애를 하는 것이 좋다. 각종 실내외 서바이벌 게임, 인터넷 게임을 즐기는 것도 좋은 방법이다.

♈. 만약 누군가가 흥미로움과 주의 기울임 중에 흥미로움을 선택했다면 그는 에리즈일 가능성이 있다. 왜냐하면 에리즈의 불기운은 그가 끊임없이 자극을 향하여 눈 돌리게 하기 때문이다. 새로운 것일수록 그에겐 더 자극적이며, 오래되고 낡고 익숙한 영역의 존재들은 에리즈에게 자극을 주지 못한다.

♈. 불의 에리즈는 욕망이 강하다. 에리즈의 욕망은 목적을 충족하면 금방 사라져버린다. 결과적으로 그는 끊임없이 새로운 흥밋거리를 찾

아 떠나곤 한다.

♈. 에리즈 유형의 사람들은 흥분을 잘한다. 이것은 그가 불과 카디날의 성질을 가졌기 때문이다. 그러나 불 싸인이라고 모두 흥분형은 아니다. 점성술의 12싸인 중에는 모두 세 개의 불 싸인이 있다. 왕으로 상징되는 리오 그리고 왕사(王師)로 대표되는 쎄지테리어스는 그 위치와 지위가 보여주듯이 자신의 성격을 통제할 수 있는 사람들이다. 따라서 리오는 조직의 수장이나 대표로서 사람들을 아우르는 힘을 보이는 존재이고, 쎄지테리어스는 교육자로서 사람들에게 모범을 보이는 위치에 설 수 있다.

♈. 에리즈는 자신을 드러내는 것을 좋아하고, 리더가 되길 원한다. 그는 사람들의 인정을 받고 싶어 하며, 돋보이고 싶어 한다. 그러나 에리즈가 자신이 원하는 마땅한 위치에 서지 못한다면, 자신을 과격하게 표출할 수 있다. 그렇다면 에리즈의 공격적인 성향은 어디서 기인하는 것일까? 에리즈의 룰러인 마쓰의 화살은 이들의 공격성을 짐작할 수 있게 하는 상징이다. 화살은 당기면 날아가게 되어있고, 에리즈가 가진 카디널 운동성은 그의 화살이 밖을 향하여 빠른 속도로 직진해서 날아가게 한다.

♈. 위험을 기꺼이 감당하는 에리즈는 불안정성이 주는 다이내믹함과 두려움을 정복함으로써 승리감을 느낀다.

☙. 에리즈는 자극받으면 곧바로 튀어 나갈 준비가 되어있다. 이들은 전쟁이 일어났을 때 망설임 없이 전쟁터로 뛰어가는 젊은이와 같다. 전쟁의 실상과 비극성을 알고 말리는 부모들의 반대에도 불구하고 이들은 무모하게 전쟁터로 달려간다. 이들은 다른 불 싸인들 보다 더 성향이 급하다. 생각하기 전에 벌써 행동해버리는 에리즈는 욱하는 성향이 있다.

☙. 에리즈는 감탄과 감동을 잘 받는다. 쉽게 황홀해 하고 쉽게 흥분감에 도취되기도 한다. 그가 순수하기 때문이다. 내면 아이처럼 말이다. 에리즈가 화를 잘 내는 것은 그의 순수함을 반영한다. 화를 내야 할 상황에서 잘 참는 사람들은 인생을 살아 본 결과 지혜가 생겼기 때문일 수도 있지만, 의도를 가지고 참는 사람들도 있다. 화를 내면 자신의 인격이 좋지 않아 보이기 때문에도 화를 참기도 하지만, 용기가 없어서 상황을 회피하는 경우도 있다. 그러나 에리즈는 있는 그대로 행동해버리는 경향이 있다. 그것은 아이들이 본능에 따라서 그냥 울어 젖히는 것과도 같은 일종의 생존본능이다.

☙. 아이들이 더 이상 자신의 본능에 따라 스스로의 소리를 내지 못한다는 것은 어른이 되어간다는 징조이다. 또한 화를 참는 것은 예절과 타인을 배려하는 세계로의 진입을 의미하는 동시에 어느 정도는 순수의 세계와의 작별을 의미하기도 한다. 에리즈는 화가 나면 그대로 화를 표현하고, 감동하면 그대로 감동을 표현한다. 어린아이와 같기 때문이다. 그러나 감동과 기쁨을 표현할 때와는 달리 에리즈가 분노를 표현한다면, 그가 아무리 순수하다고 하더라도 많은 사람들의

비난을 받을 것이다. 흔히 에리즈를 깡패에 비유하기도 한다.

♈. 에리즈는 화려한 것을 좋아한다. 그는 불처럼 자신을 드러내 보이며, 춤추고, 열정적으로 자신을 과시한다. 또한 불의 붉은 빛은 정열과 욕망을 상징한다. 이들은 화려한 옷을 좋아하고 화려하게 자신을 드러내 보인다.

♈. 에리즈는 애교가 넘친다. 그의 순진한 모습과 행동은 타인에게 애교를 느끼게 한다. 에리즈는 분노하고 화내는 모습만 보이는 것이 아니다. 그것이 바로 에리즈의 어린아이 같은 모습이다. 에리즈의 불은 거짓이 존재할 여지를 허용하지 않는다. 그의 뜨거운 불은 너무 환하기 때문에 솔직함을 완전히 드러낸다. 즉 에리즈는 정직하고 명예를 소중하게 생각하지만, 단발성이다. 이들은 명예가 손상된다고 생각하면 바로 결투를 신청해서 스스로를 위험에 빠뜨릴지언정 케프리컨처럼 질 싸움을 피하는 요령은 없다.

♈. 에리즈는 기교가 떨어져서 비난을 받기도 한다. 특히 에리즈의 연인은 기교가 없는 그의 말투에 상처를 받기도 한다. 그러나 이들도 애교를 선보이고, 그 모습이 열기를 가지고 있어서 상대에게 호감을 주지만, 상대가 호감을 주는 순간 언제 그랬냐는 듯이 가버리기도 한다. 에리즈의 애교는 그때뿐인 애교이다. 왜냐하면 그는 뒤끝이 없기 때문이다. 특히 포옹이나 가벼운 껴안음은 따뜻하고 온화하고 포근하므로 에리즈의 기운이 느껴진다. 그러나 그러한 포옹을 혹간 오해하여 에리즈에게 사모하는 마음을 낸다면 큰 오해일 수 있다. 그는 열정

의 사람이고 그의 열정은 순간적인 감정일 뿐이기 때문이다.

♈. 에리즈가 불기운을 가진 것은 이들이 드러내는 것을 좋아하는 싸인임을 의미한다. 그는 과시하기를 좋아하고 자랑하고 싶어 한다. 그는 독선적이고 선구자적이며 발명가적 기질이 있다. 일인자가 되고 싶어 하는 경향성이 강하다. 목적을 향해서 도전적으로 나아가는 모습이 무모해 보이기도 한다. 그는 그것을 뽐내며 전진한다. 그의 도전 정신과 발명가적 정신 그리고 진취적 기상은 모두 에리즈의 자존감을 북돋는다.

♈. 에리즈의 불기운은 그가 정직한 반면, 비밀을 지키기 어려움을 의미하기도 한다. 에리즈에게 어쩌면 비밀은 그렇게 중요하지 않을지도 모른다. 이들은 힘을 축적하지 않고 발산하기 때문이다. 그는 힘을 축적하고 필요할 때만 사용하는 스콜피오와는 경향이 다르다. 에리즈는 끊임없이 새로운 도전과 모험을 향하여 나아가며, 그 과정에서 자신의 힘을 무모하게 사용한다. 그는 순진하다고 할 정도로 모든 것을 솔직하게 드러내 보이려고 한다. 그는 비밀을 잘 지키지 못하지만, 의도를 가지고 고의적으로 상대를 골탕 먹이려는 생각은 없다. 그저 행동하기 전에 미리 생각하지 못하는 천성 탓이다.

♈. 에리즈는 타인을 격려하고 고무시키며, 잘할 수 있도록 용기를 북돋는 사람이다. 이것도 에리즈의 순진함이다. 에리즈가 목표지향적인 것은 그가 도전적이고 경쟁적인 경향이 있기 때문이다. 그는 도전이나 경쟁을 통해 정복하고 쟁취하는 느낌을 즐긴다. 그가 사랑하는

것은 정복한 물질 자체가 아니다. 그는 같은 정신을 가진 사람에게 애착을 느낀다. 그의 정직성과 불의 확장성은 다른 사람에게도 그러한 정신을 전파하는 경향이 있다. 그것은 결과적으로 상대에게 자신의 열기를 전해줌으로써 그들을 감동시키고 고무하고 격려하는 효과를 가져온다.

♈. 에리즈의 불과 카디널의 성질은 이들이 직선적인 성향의 소유자임을 의미한다. 단도직입적이란 말이다. 에리즈는 사실을 곧이곧대로 표현해버림으로써 타인의 기분을 상하게 할 수도 있다. 그의 직선적 표현은 비평이나 비난으로 나타나기도 한다. 그는 대극싸인인 리브라처럼 완곡하고 세련되게 표현하는 법을 모른다. 따라서 이들은 외골수로 평가되곤 한다. 에리즈를 독불장군으로 보는 것이 바로 이러한 이유 때문이다.

♈. 불 싸인의 문제는 인내심이 없다는 점이다. 즉 방향을 찾고 불들의 무리를 이끌어가는 지도력이 있다. 불길을 뚫고 나가면서 다른 불을 이끌어나가는 지도력이 있다. 자신을 드러내고 표현하는 자유 정신이 있다. 자유 정신과 개척정신의 기본은 불이다.

♈. 에리즈는 인정받고 눈에 띄고 싶어 한다. 숨어서 탈 수 있는 불은 없기 때문이다. 그는 리더의 위치를 차지하고 싶어 하며 자신의 성향처럼 강력하게 주장한다. "나를 따르라!"

♈. 에리즈는 호기심이 많고 무언가에 도취되면 흥분해서 춤추는 것처럼 들뜬다. 에리즈를 잘 표현한 문장이 있다. "Go and get it!" 원하는 것이 있으면 가서 얻어라! 라는 이 문장은 에리즈의 캐치프레이즈라고 말해도 과언이 아니다. 내면에서 끓고 있는 에리즈의 불은 그를 스프링처럼 뛰게 한다. 힙합 춤이나, 헤드뱅잉은 에리즈의 기운을 발산할 수 있는 대중예술이다. 에리즈는 에너지를 발산해야 하기 때문이다. 여기서 잠시 보충설명을 하자면 만일 에리즈의 불이 파이씨즈와 같은 바다의 기운을 만났다면 그는 발레리나나 현대무용 댄서가 가능했을 것이다.

♈. 게임을 즐기는 것도 에리즈의 성향이다. 주로 상대를 물리치고 경쟁에서 이기는 게임들로서 차트의 전반적인 구조가 내향적인 성향에 가까울 경우 간접적으로 전투를 즐기는 실내 컴퓨터 게임에 몰입할 수 있다. 에리즈가 강하게 드러나는 외향적 성질을 가진 사람들은 야외에서 즐기는 서바이벌 게임이나 번지점프, 사냥이나 투우같이 직접 생(生)과 사(死)를 다투는 야외스포츠게임을 즐길 수 있다.

♈. 에리즈는 협업이 힘들 수 있는데, 자기주장이 너무 강하기 때문이고 스스로 리더가 되고 싶어 하며, 선봉에 서기를 원하기 때문이다.

♈. 강한 불기운을 가진 에리즈는 문화를 퍼뜨리는 전도사가 될 수도 있다. 에리즈는 열정과 정열 그리고 적혈구 에너지를 의미한다. 에리즈가 의미하는 신체 부위가 머리나 얼굴이기 때문에 이들은 지성적이고 뛰어난 두뇌를 가진 사람들이다.

♈. 만약 누군가가 두려움이 없는 무모함과 도전정신으로 열광하고 끼를 발산하고 자극과 동기를 부여해서 일을 진행한다면 그는 에리즈일 것이다. 중요한 것은 그는 이를 통해서 보다 높은 마인드, 즉 자신에 대한 신뢰와 확신의 정신을 추구하고 얻어낸다는 점이다. 에리즈가 자신의 본능을 극복할 수 있다면 그의 불은 개척자의 불이요, 문화전파자의 불이자, 모험가의 불이다. 에리즈의 불은 새로운 섬을 발견하고 미지의 섬을 탐험하는 불로서 타인들에게 자신의 용기를 전파하며 그를 우러러보게 한다.

♈. 에리즈의 위대한 정신은 그가 자신이 발견한 섬이나 탐험한 장소를 자신의 것으로 소유하려고 하지 않는다는 점에 있다. 그는 또 다른 불모지를 향하여 떠날 것이고, 또 다른 에베레스트산을 정복하기 위해서 다시 길을 떠날 것이다. 그러나 이들의 끝나지 않는 도전정신은 그들의 가족에게는 불행으로 작용하고 무책임해 보일 수 있다는 단점이 있다.

♈. 에리즈는 일의 싸인이기도 하다. 에리즈는 무엇인가를 소유하는 것에는 별로 관심이 없다. 그러나 그는 무엇인가에 도전하고, 경쟁하고 상대와 싸워서 이기고 쟁취하는 것에 관심이 있다. 여성의 경우 에리즈 달을 자신의 천궁도에 가지고 있다면, 이들은 쟁취하기를 원하는 다소 공격적 성향의 어머니로서 공격적 성격의 일을 통하여 자신의 능력을 발산할 수 있다.

♈. 우리가 흔히 시사회, 제품 시현, 데모를 보여주는 행위나 길가에 선전하는 나레이터 모델은 자신을 드러내고 야외에서 진행된다는 점에서 에리즈 기운을 발휘해야 하는 일들이다. 일단 에리즈는 장시간 의자에 엉덩이를 붙이고 있기는 불가능한 사람들로서 끊임없이 움직이는 역동적인 에너지를 발산해야 하는 사람들이다. 불과 카디널의 성질은 그를 밖으로 튀어 나가게 하며 드러나게 하며 자신을 주장하게 한다.

♈. 에리즈는 리더로서의 역할을 좋아한다. 이들은 타인의 지시를 받는 것을 좋아하지 않는다. 그러나 지나치게 직선적인 성향 때문에, 무인(武人)으로서의 지도자 자질을 발휘하는 경향이 있다.

♈. 에리즈는 새롭게 도전할 수 있으며 열정을 발산하고 위험한 일들을 즐긴다. 일에 있어서도 사무실 업무보다는 외근업무를 즐긴다. 특히 세일즈맨은 에리즈의 영역이다.

♈. 에리즈의 사랑은 불꽃처럼 사랑했다가 불꽃처럼 식어버린다. 불이 식어버리면 재만 남는다. 불은 자신을 태우고 상대도 모두 태워버린다. 따라서 에리즈의 사랑은 허무함으로 끝날 수도 있다. 이들은 자신의 열정이나 욕망을 사랑으로 착각하는 경우가 있는데, 문제는 상대방도 이들의 열기를 사랑으로 오인한다는 사실이다. 이들은 마치 열 번 찍어서 안 넘어가는 나무 없다고 생각하는 사람처럼 상대가 자신을 받아들일 때까지 대쉬한다. 그러나 일단 상대가 이를 받아들인다면 에리즈의 상대에 대한 관심은 빠르게 줄어든다. 특히 이들은 상

대방이 튕기고 무례하고 못되게 굴고 어렵게 굴수록 그에게 더 흥미를 느낀다. 왜냐하면 정복하기를 원하기 때문이다. 따라서 에리즈가 강한 여성이나 남성이 자신을 에리즈에게 쉽게 허용하는 것은 연애의 끝과 후회의 시작을 의미할 수도 있다. 에리즈 연인과 오랫동안 관계를 유지하고 싶다면, 함께 격렬한 스포츠를 즐기는 것도 좋은 방법이다. 서바이벌 게임, 사냥 게임, 특전사 훈련 참가, 활쏘기게임, 총쏘기 게임, 카레이싱이나 함께 기공이나 차력을 즐기는 것도 좋은 방법이다. 이들은 위험할수록, 도전의 레벨이 강할수록 좋아한다.

&. 에리즈는 의외로 지성적인 사람들이다. 그러나 성미가 급하여서 자신을 빠르게 따라오지 못하거나 이해력이 떨어지는 사람들에게 분노하는 경향이 있다.

&. 만일 자신의 상사가 에리즈라면 아침 약속에 늦지 않는 것이 좋다. 에리즈 상사는 항상 약속 시간보다 먼저 와있는 경향이 있다. 따라서 정시 출근은 못 할망정 늦는다면 에리즈 상사는 불같이 화를 내고 비난할 수 있다. 에리즈는 직선적으로 말하지 돌려서 말하지 않는다. 이들은 솔직하고 정직하기 때문에 말을 기교 있게 하거나 꾸미지 못하고, 듣는 사람의 얼굴이 빨개질 정도로 흥분할 수 있다.

&. 에리즈의 힘은 긍정적일 때는 일을 시작하게 하고 생명을 태동하게 한다. 그러나 에리즈의 힘이 부정적으로 사용되면 공격성과 무모함으로 드러난다. 이들은 별로 생각하지 않고 먼저 행동한다. 상대가 자존심을 건드린다면 바로 펀치를 날리거나 결투를 신청할지도 모른

다. 이들은 흥분하면 얼굴이 달아오르고 성격이 매우 급해지며 앞뒤 가리지 못할 수 있다.

♌. 에리즈의 불을 고삐 풀린 불에 비유하기도 한다. 따라서 이들이 자신의 불기운을 통제하지 못한다면 엉겁결에 사고를 일으키거나 사고에 휘말릴 수 있다.

♌. 에리즈의 생각 없는 행동은 때로는 무의미한 폭력과 실속 없는 결과만 낳을 수 있다. 따라서 이들은 비난의 대상이 될 수 있다. 그러나 이들은 의외로 순진하다. 가끔 폭력을 저지른 사람들이 의외로 순진한 모습을 보인다면 그들이 에리즈 타입의 사람들이기 때문일 것이다. 이들이 주먹을 들 때는 타인이 자신의 명예를 손상했다고 생각했을 때, 또는 약한 사람들이 이유 없는 폭력을 당하고 있다고 생각할 때이다. 생각 없이 불쑥 행동한다는 것은 아직 자신의 성격, 즉 자신의 불기운을 잘 다루지 못한다는 의미이다. 이런 경우 이들에게는 케프리컨이나 쎄턴의 기운이 필요하다. 인간은 성장할수록 자신의 성격을 단련시키고 통제하는 힘이 생기는데, 쎄턴은 규율과 규칙 그리고 자기 단련의 아버지다.

♌. 에리즈는 얼굴과 머리 부위에 피가 몰릴 수 있다. 따라서 뇌혈관 질환 등 각종 머리와 관련된 질환, 상기증, 피부병, 두통을 조심해야 하며, 얼굴이나 머리에 상처를 조심해야 한다. 머리 수술을 조심해야 하고, 특히 성형과 관련된 얼굴 수술과 흉터 그리고 여성기 질환을 조심해야 한다. 특히 너무 한꺼번에 기운을 많이 사용해서 허기증에 걸

리지 않도록 자신의 힘을 잘 배분해서 사용하는 의도적인 노력이 필요하다.

♈. 에리즈는 새로운 사람들을 만나는 것을 좋아하는 사회적인 성향을 지닌 사람들이다. 그런데 이들은 독선적인 성향이 강하기 때문에 조직 생활보다 사업가에 더 가깝다. 만일 많은 사람과 함께 일할 경우 에리즈는 선봉에 서서 사람들을 이끄는 행동대장의 역할에 적합하다.

♈. 길을 가다가 이유 없이 폭행을 당하는 여성을 본다면 에리즈는 여성을 구하기 위해서 물불을 가리지 않고 뛰어들 수 있다. 그러나 그것은 에리즈가 그 여성에게 호감이 있기 때문이라기보다 불의를 보면 참지 못하는 성향 때문이다.

♈. 2번 하우스가 에리즈인 사람들은 돈이 들어와도 언제 나갔는지 모르게 금방 나가버린다. 에리즈의 불기운은 돈이 불처럼 들어왔다가 불처럼 나가게 된다. 이들은 돈을 막 써버리는 경향이 있다. 에리즈는 대체로 한탕을 원하기도 한다. 그러나 돈은 좇으려고 하면 할수록 멀어진다고 한다. 이들은 돈을 쓰는 것을 일종의 명예로운 일 그리고 자신을 돋보이는 일로 생각하기 때문에 다른 사람이 어려운 상황에 처했다면 앞뒤 가리지 않고 돈을 줘버릴 수도 있을 것이다. 그러나 이러한 경우 자신이 앞서서 도와준 만큼 돌려받기 어려울 수 있기 때문에 주의해야 한다. 또한 계획 없이 지출하거나 생각 없이 투자하는 것에 주의해야 한다. 그러나 이들은 투자 기간이 길거나 결과가 늦게 나오는 정기적금이나 노년 보험 등에는 관심이 없다. 따라서 에리즈의 낭

비 성향과 어려운 시기를 대비해서 이들은 오히려 의도적으로 더 이러한 투자방식을 선택하는 것이 바람직할 수도 있다.

♈. 금전운을 보는 하우스는 2번 하우스 이외에도 6번 하우스와 10번 하우스를 봐야 한다.

♈. 에리즈는 강한 성공에 대한 야망을 가지고 이루어 내고야 말겠다는 도전정신이 있다. 특히 강한 경쟁심과 투쟁심을 가진 것은 이들이 "나 먼저"의 싸인인 점에서 기인한다. 그러나 용기와 저돌성만으로 성취할 수는 없다. 에리즈는 위험을 기꺼이 감수하려는 싸인이다. 그러나 너무 충동적인 나머지 그 일을 위해서 자신의 모든 힘을 쏟아부었지만 쓸데없는 일에 힘을 사용한 결과만 낳을 수도 있다.

♈. 에리즈는 다른 사람들에게 열정과 동기를 부여할 정도로 정열이 넘치는 싸인이다. 그러나 기다리는 법과 다른 사람을 존중하는 법을 잘 알지 못한다. 모든 사람들이 다 자신처럼 경쟁적이고 빠른 속도를 자랑하는 것은 아니라는 것을 알아야 한다. 이들은 빨리 따라오지 못하는 사람들에 대해서 분노를 느낄 수도 있다.

♈. 에리즈는 성향이 급하고 화를 잘 내지만, 타인이 도움과 조언을 필요로 할 때, 조언을 주는 것에 기쁨을 느끼는데, 이것은 에리즈의 어리고 순수한 성질을 말해준다.

❧. 시작은 에리즈의 특기이지만, 무언가를 완벽히 끝맺는다는 것은 에리즈가 가장 못 하는 장르다.

❧. 애정에 있어서 에리즈는 그다지 믿을 수 없는 연인이다. 이들은 연인에게 오랜 시간을 투자해서 정성을 들이는 일을 잘하지 못한다. 만일 다이내믹하고 모험과 역동성이 가득한 사랑을 원한다면 에리즈와 사랑하라. 이들은 결코 당신을 지루하게 하지 않을 것이다. 그러나 물기운이나 흙 기운이 너무 많은 사람들은 에리즈의 연인과 잘 맞지 않을 수 있다.

❧. 에리즈의 학업 운은 어떨까? 이들은 지긋이 책상에 오랫동안 앉아서 공부할 수 있는 인내심이 떨어질 수 있다. 또한 넘치는 불 기운을 현명하게 사용할 수 있도록 통로를 만들어 줄 필요가 있다. 따라서 너무 강한 에리즈를 갖은 청소년들은 스포츠 분야 전공으로 진학 방향을 결정하는 거나 학창시절 되도록 운동을 많이 하도록 하는 것이 좋다.

❧. 이들은 너무 성급하게 결혼을 결정하거나 너무 이른 나이에 결혼할 수 있다. 또한 결혼 생활 중에도 잦은 싸움이 있을 수 있으므로 결혼 생활이 평탄하지 않을 수도 있다.

❧. 에리즈는 성공에 대한 강한 욕망을 가졌지만 의외로 소유욕의 싸인이 아니다. 에리즈는 발명가나 개척자들의 싸인으로서 이들이 소유보다는 도전에 더 흥미를 가진다.

♈. 에리즈의 상징인 숫양은 자신의 앞에 어떠한 장애물이 놓인다면 고개를 숙인 채 두 뿔로 장애물을 향해 돌진한다. 에리즈의 직업 중 하나인 복서(Boxer) 역시 숫양이 두 뿔로 장애물을 들이받는 것처럼, 두 손으로 얼굴을 가린 채 상대를 향해 돌진한다.

♈. 에리즈들이 사고를 일으킨다고 하여도 계획적이고 교활해서 일을 저질렀다기보다 어리고 성숙하지 않기 때문이다. 가령 1번 하우스에 마쓰가 있는 사람들은 사건 사고에 노출이 잦다. 헤밍웨이의 1번 하우스에도 마쓰가 있는데, 이것으로 그가 어린 시절 폭력에 연루되는 일이 많았음을 상상할 수 있다. 사고를 저지른 에리즈들과 대화를 나눠보면 그들에게서 느껴지는 의외의 순진함 때문에 놀랄 수 있다.

♈. 7번 하우스가 에리즈로 시작하거나, 마쓰가 있는 경우 되도록 분쟁을 피하는 것이 좋다. 7번 하우스는 배우자의 하우스로 상대와의 공존을 경험하는 하우스이다. 공존의 하우스에 위치한 에리즈나 마쓰는 상대를 누르고 독선과 경쟁 그리고 투쟁 심리를 불러일으킴으로써 관계에서 분란과 이별이 야기될 수 있다. 따라서 7번 하우스가 에리즈나 마쓰가 위치하는 경우 되도록 싸움을 피하는 것이 좋다. 특히 법정 관련 소송 등을 제기할 경우 상대에게 공(公)이 돌아갈 수 있으므로 가능하면 법적 분쟁까지 가지 않도록 조심해야 한다.

♈. 에리즈에게 질문을 한다면 그는 열정적이고 강한 흥미를 가지고 그에 대해 답할 것이다. 이 경우 에리즈는 적당히 답을 얼버무리거나 추상적인 암시 수준으로 끝내지 않는다. 그는 아주 명료하고, 감추지

않고 아낌없이 정확한 답을 줄 것이다.

♈. 에리즈는 머리와 얼굴을 의미한다. 이들은 토론에 강하지만, 직선적이고 흥분하며 상대를 공격하는 성향이 있다. 그러나 좀 더 세련된 에리즈라면 자신의 논지를 매우 정확하고 지성적으로 밝힐 수 있다.

♈. 에리즈는 주도권의 싸인이다. 모든 장르에서 주도권을 강하게 주장하고 리더의 위치를 차지하려고 한다. 그러나 이러한 에리즈의 독선적인 성향을 결국 많은 사람과 함께하는 협업에서 문제에 일으킴으로써, 오히려 분쟁을 만드는 리더가 될 수 있다. 그러나 전쟁터와 같이 어느 정도의 무모한 용기가 필요한 영역에서 이들의 리더십은 강한 힘을 발휘할 수 있다.

♈. 인내심이 부족한 에리즈가 나이가 들어서까지 자신의 기질을 통제하고 원만하게 만들지 못하는 경우 "저 사람은 나이도 안 먹나?" 하는 이야기를 들을 수도 있다.

♈. 에리즈가 패배를 좋아하지 않는 것은 그가 가진 경쟁 심리와 관련이 있다. 천궁도의 첫 번째 싸인으로서 그는 일인자가 되거나 리더가 되어야 하기 때문에, 서열전쟁에서 살아남아야 한다는 동물적 투쟁 정신이 있다. 같은 불 싸인인 리오와 에리즈의 관계는 왕과 신하와의 관계에 비유할 수 있다. 리오가 관대함을 가지고 독선적이며 자기주장이 강하고 일인자가 되려는 경향을 지닌 에리즈를 포용할 수 있

다면 이들은 왕과 장군의 조합으로 한 국가를 잘 이끌어갈 수 있다.

🐏. 같은 불 싸인인 쎄지테리어스와 에리즈의 관계는 종교인과 청년의 관계에 비유할 수 있다. 에리즈는 주말에 절이나 성당 또는 교회를 찾아가는 젊은이와 같다. 가령 에리즈는 젊은 청년이나 청소년으로서 한 주 동안 저지른 실수나 언행을 참회하기 위해서 주말에 교회나 절에 가는 사람들에 비유할 수 있다. 쎄지테리어스는 이들의 참회를 듣고 좋은 말씀을 전해주는 종교인에 비유할 수 있다.

🐏. 에리즈는 타협할 줄 모르는 정신을 지녔다. 이것은 혈기왕성한 불기운과 시작을 의미하는 3월의 어린 기운 때문이다. 특히 굴종적인 타협을 하느니 바로 전쟁 모드로 들어가는 에리즈는 전사이자 독립주의자이다. 이들이 삶에서 주장하려고 하는 바를 한마디로 줄인다면 "천상천하유아독존(天上天下幼兒獨存)"이다.

🐏. 에리즈는 조용하지 않은 편으로 오히려 수다스럽게 보이는 경향이 있다. 그는 자신의 의견을 개진하는 것을 좋아하고, 말할 때는 빠르고 흥분하는 경향이 있다. 보다 진화된 에리즈는 세련되고 지성적이어서 토론에 절대로 지지 않는다. 따라서 그의 의견에 반론을 가하기 위해서는 완벽한 논리가 필요할 것이다.

🐏. 에리즈가 전쟁을 좋아하는 이유는 그가 경쟁을 좋아하고 경쟁에서 반드시 승리해야 하며, 상대를 반드시 이기겠다는 기질이 아주 강하기 때문이다.

♋. 에리즈를 의미하는 젊은 청소년들이 잔소리나 비난을 듣고 곧잘 반항하고 삐딱선을 타는 것도 에리즈의 명예욕과 관련이 있다. 젊은 이들이 잔소리를 듣기 싫어하는 이유는 에리즈의 리더주의 또는 천상천하유아독존 정신과 관련이 있다. 만일 이런 젊은이들에게 젊은 열정의 무모함을 강조하며 잔소리하면 오히려 역효과만 낳을 수 있다. 이럴 때 칭찬받고 인정받고 싶어 하는 에리즈의 기질을 잘 활용해 보는 것이 좋다. 즉 그가 가진 열정적인 기질을 잘 키워서 이룰 수 있는 청년의 미래상을 제시해 준다면, 에리즈의 미래지향적이고 영웅적인 기질과 곧잘 맞아떨어져 이들과 좋은 시간을 보낼 수 있을 것이다.

♋. 에리즈와 어퀘리어스는 둘 다 공히 새롭고, 도전할 수 있는 모험을 즐긴다. 그러나 어퀘리어스가 자신이 부딪히는 모든 경계를 깨고 새로운 곳으로 나아가기를 반복하는 과정을 통해서, 결국 모든 물질적인 것들로부터의 집착을 버리는 반면 에리즈는 리더라는 위치에 집착한다. 따라서 언제나 자신이 타인보다 우위에 서 있다고 생각하는 에리즈들도 어퀘리어스에게만은 알 수 없는 열등감을 느끼기도 한다.

♋. 에리즈는 여성보다 남성에게 더 어울리는 싸인이다. 에리즈가 강한 여성이 아이를 키우면서 많은 스트레스를 받을 수 있다. 캔서를 의미하는 아기는 따뜻한 보살핌 즉 케어가 필요한 싸인이기 때문이다. 따라서 에리즈가 강한 여성이라면 사회생활과 육아를 동시에 진행함으로써 자신의 열정과 저돌적이고 넘치는 힘을 분산시킬 필요가 있다.

✿. 에리즈의 직업은 카레이서, 군인, 경찰, 박서, 각종 스포츠맨, 소방관, 차력사, 선동가, 홍보가, 검찰, ROTC 장교, 브레인 스토머, 개척자, 운동 치료사, 모험전문가, 운동선수, 대장장이, 카레이서, 세일즈맨, 차력사, 숲 감시원, 열쇠수리공, 대장장이, 기계 다루는 사람, 철과 철강 다루는 직업, 기업인, 아이디어맨, 챔피언, 건축 감독자, 집행자, 박서, 댄서, 외과 의사, 공학자, 금속 관련 사업, 선반 관련 사업, 무기 거래상 등의 직업을 가질 수 있으며, 공격적 투자 관련 사업이나 유혈 경쟁에 가담하는 기업들도 에리즈의 영역이다.

✿. 불이 대상을 거침없이 태우고 삼켜버리듯이, 에리즈는 어떠한 장애물도 두려워하지 않는다. 그에게는 위험이 친구이며 하루에 한 가지 이상의 위험을 경험하지 못한다면 만들어서라도 스스로 위험에 처하기를 선택한다.

✿. 에리즈는 자신의 흥미를 돋우는 무언가에 대해서 즉각 다가간다. 에리즈를 도발시키는 것은 상대의 공격과 같이 도전을 자극하는 것들이다. 이것은 에리즈를 전쟁과 싸움의 상징으로 만든다.

✿. 특히 에리즈는 여성에게 자자한 원성을 듣기도 한다. 그러나 여성이 위험에 처하면 바로 달려나가서 그들을 구하는 사람들도 에리즈들이다. 에리즈는 근본적으로 겁이 없고 명예를 중요하게 생각한다. 서정적인 남성들이 여성의 감성을 만족시켜주지만, 위험에 처한 여성을 구해준다는 보장을 할 수는 없다. 그러나 에리즈가 위기에 처한 여성을 구해주기는 하지만, 그녀들을 감성적으로 만족시켜주어서

우울증에서 벗어나게 해 줄 수는 없다.

☙. 에리즈는 여성보다도 남성에게 더 어울리는 싸인이다. 에리즈의 공격성은 본질적으로 음이 기운을 가진 여성의 기질과는 다르다. 그러나 여성이 에리즈가 강할 경우 그녀는 일 중독자일 수 있다.

☙. 에리즈는 새로운 계획과 아이디어에 곧바로 뛰어든다. 에리즈의 불은 육체적 힘뿐만이 아니라 정신적 힘을 의미하기도 한다. 에리즈는 번쩍이는 아이디어에 강한 흥미를 보이며 스스로 새로운 아이디어를 자주 낸다. 에리즈와의 대화는 언제나 흥미진진하다. 그들은 끊임없이 새로운 프로젝트를 제안하지만, 그 들 중 많은 계획들을 실행하거나 끝내지 않을 수 있다.

☙. 제머나이는 에리즈와 잘 어울리는 싸인이다. 제머나이는 에리즈처럼 바깥 생활을 즐기며, 늘 새로운 흥밋거리와 스릴이 필요하다. 이 두 싸인은 둘 다 외향적이고 인내심이 부족한 대신 매일의 생활을 흥미로운 뉴스와 모험으로 가득 채우고 싶어 한다... 참고로, 제머나이와 에리즈의 조화는 서로의 외향적이고 흥미와 자극을 추구하며 연연하지 않는 성격이 서로 조화를 이루어서 잘 어울리는 커플이 될 수 있다.

§ 2. 토러스(Taurus)

4월 21일 ~ 5월 20일

> ♉ 키워드 (Rulership:도마사일 ♀ /익졸테이션 ☾)
>
> 감각적인, 물질의, 풍요로운, 안정적인, 예술품, 코스메틱, 여성용품, 보석, 농산품, 견고한, 반복을 좋아하는, 기술을 예술로 승화시키는, 되새김질, 다산의, 토대가 굳은, 오감에 예민한, 변화에 저항하는, 융통성 없는, 고집불통의, 관능적인, 믿을 수 있는, 신용을 중시하는, 경험을 중시하는, 증명된 것만을 신용하는, 결과 중심적인, 현실적인, 실용적인, 물질을 축적하는, 아름다운, 안전에 집착하는, 가까운 사람들만 좋아하는, 새로운 사람들을 잘 사귀려고 하지 않는, 노래, 은행, 돈의 가치를 생명처럼 생각하는, 부지런한, 감정이 무딘, 실사구시(實事求是), 노력하고 또 노력하는, 물질적으로 성공할 때까지 노력하는, 근면한, 성실한,

돈의 가치를 아는, 레스토랑 관련 사업을 하는, 미식가, 미술품 수집 판매상, 고집 센, 틀에 박힌, 통제되지 않는 식사, 질서와 계획이 부여하는 규칙성에 안정감을 느끼는, 새로운 곳에 가기 위해 오랫동안 망설이는, 즉흥적으로 놀러 가지 않는, 수동적인, 게으른, 자기만족의, 소유욕이 강한, 집착하는, 물질적인, 새로운 대화거리가 제기되면 경직되는, 돌다리도 다시 두드려보고 건너는, 나태한, 황소 머리의, 수동적인, 마비된, 관능적인, 무감각한, 보수적인, 너무 안보에 신경 쓰는, 둔한, 자기만족의, 땅을 사랑하는, 흙에서 생산된, 생산적인, 근면한, 꾸준한, 안정적인, 보존하는, 인내하는, 사려 깊은, 지속성 있는, 인내력 있는, 단호한, 일관성 있는, 결단력 있는, 예술적인, 심미적인, 자연의 아름다움을 상징하는, 가정적인, 온화한, 사려 깊은, 육체적인, 물질적인, 자원이 있는, 꾸준한, 안정적인, 진실한, 관능적인, 믿을 수 있는, 의존할 수 있는

♉. 토러스는 인생의 즐거움을 추구한다. 토러스는 12싸인 중에서 캔서와 함께 가장 물질을 좋아하고 아끼는 싸인이다. 그는 돈을 목숨과 같이 소중하게 여기는데, 돈을 버는 것이 쉽지 않은 일임을 알기 때문이다. 토러스는 돈에 대한 집착이 큰데, 그것은 돈이 그의 안전을 지켜주기 때문이다.

♉. 만일 개인이 지갑에 지폐를 차곡차곡 다리미로 다린 것처럼 보관하는 사람이라면 그는 토러스일 가능성이 많다. 강한 토러스는 정말로 돈을 보관할 때 다리미로 한 장 한 장 귀하게 다려서 보관할 수도 있다. 토러스에게 돈은 목숨과도 비슷하기 때문이다.

♉. 돈을 꼬깃꼬깃하게 주머니에 뭉치로 가지고 다니는 사람은 토러스일 가능성이 거의 없다. 그는 돈을 귀하게 여기고, 숭배하기까지 한다.

♉. 돈을 가치판단의 기준으로 삼기도 하는 토러스는 돈이 주는 여유와 안정감을 사랑한다. 거꾸로 여유 있고 안정감 있는 사람들은 자신의 토대를 확고히 다진 사람들이라고 판단할 수 있다. 대부분 중년 이후의 사람들로서 얼굴에 비너스의 미소를 머금고 사람들과 여유 있게 식사를 즐기곤 하는 사람들로서 미식가의 느낌을 주기도 한다.

♉. 때때로 토러스에게 물질은 가치판단의 기준이 되기 때문에 상대의 가치를 그의 겉으로 드러나는 모습으로 예단하는 경우가 많다. 이들은 상대의 직업이나 연봉 수준을 인격과 동일시하기도 한다.

♉. 토러스는 물질에 가치를 두는데, 물질 중에서도 특히 돈을 중시한다. 토러스는 상대의 경제적으로 안정된 모습을 통해 그의 근면함과 성실함까지고 판단하기도 한다.

♉. 토러스는 때로 너무 현실적이고 상상력이 부족한 것이 단점이다. 그는 상대방의 꿈을 잘 믿지 않는다. 그는 현실적으로 증명되고 이미 검증된 것을 신용하는 실사구시(實事求是)의 정신을 가졌다.

♉. 토러스와 대화 중 화젯거리가 떨어지면 경제문제나 투자에 대한 주제를 꺼내는 것도 좋은 방법이다.

♉. 토러스는 아름다운 물건이나 아름다운 사람들을 호의적으로 보는 경향이 있다. 이들은 과격하고 천박하거나 비열한 말이나 행위를 좋아하지 않는데, 이들의 룰러가 비너스이기 때문이다. 또한 토러스의 상징이 소는 느리고 유순하며 주인의 말을 잘 듣고 가정의 경제에 큰 역할을 하는 동물이다. 따라서 이들이 느리다는 사실은 돈을 모으는데 유리한 점이다.

♉. 물질을 얻으려면 기다릴 줄 알아야 한다. 마치 낚싯대를 걸어놓고 기다리는 낚시꾼들처럼 말이다. 토러스가 돈을 축적하는 이유는 안전을 중시하기 때문이기도 하다. 이것은 토러스가 가진 흙의 기질 때문이다. 돈과 더불어 토러스에게 안정감을 주는 것은 아름다운 물건들 또는 아름다운 사람들이나 아름다운 예술품들이다. 특히 2번 하우스에 토러스가 위치한 사람들은 돈을 추구하고 돈을 벌어서 자신

의 굳건한 토대를 마련하기도 하지만, 이들은 자신의 돈으로 살 수 있는 아름다운 물건들이나 예술품 등을 수집하고 자신의 주변에 놓아두는 것으로 인생의 풍요로움과 안정감을 느끼기도 한다.

♉. 물질은 지, 수, 화, 풍 4대 요소로 이루어져 있다. 토러스는 지(地), 즉 흙의 요소로서 만들어졌다. 흙은 물질의 4대 요소 중 가장 무겁다. 무거운 것은 아래로 가라앉는다. 그러나 불과 바람은 위를 향해서 올라가는 성질이 있다. 따라서 흙은 안정을 의미함에도 불구하고 갇힘을 의미하는 반면 불과 바람은 불안정함을 의미함에도 불구하고 자유를 의미한다.

♉. 물질은 인간이 느끼는 5대 감각과 관련 있다. 즉 냄새 맡고, 맛보고, 보고, 듣고, 만지는 것이다. 이것을 후각, 미각, 시각, 청각, 촉각의 5대 감각이라고 말한다. 따라서 이들은 매우 현실적인 사람들이다. 반면 육감이 발달한 사람들은 물질적 증거를 기반으로 하지 않는 추상적이고 육안(肉眼)으로 확인할 수 없는 것들을 느끼고 보기도 하는 사람들이다. 육감과 토러스가 사용하는 감각은 완전히 다른 것이다. 따라서 토러스는 현실적이지 않은 것들은 믿지 않는다. 그는 세월에 의해 그리고 경험에 의해 이미 검증된 것들만을 선택하고 신용한다.

♉. 토러스는 선택한 학문을 익히고 또 익혀서 자신의 기술로 만든다. 암기도 토러스적인 성향이다. 이러한 토러스의 기질은 그에게 안정적인 기술과 물질을 획득하게 함으로써 자신을 끊임없이 업그레이드시키는 원동력이다.

♉. 토러스의 룰러인 비너스는 마쓰와 서로 대립적인 성향을 가진다. 비너스는 구심력의 운동을 대표하지만, 마쓰는 원심력의 성질을 지닌다. 비너스는 당김의 귀재이고 마쓰는 밀쳐냄의 귀재이다. 이러한 두 성질을 흔히 "밀당(push-pull)"이라고 부른다.

♉. 연애의 핵심은 밀당이라고 말해지곤 한다. 밀당을 잘하는 사람들은 연애의 귀재다. 따라서 우리는 개인의 천궁도에서 비너스와 마쓰가 어떠한 형태로 자리 잡았는지를 앎으로써 개인의 연애나 결혼이 어떻게 흘러가는지를 예측한다.

♉. 토러스는 돈이나 물질로 환산될 수 있는 가치를 의미한다. 개인의 토러스는 그가 어떠한 가치를 추구하는지, 그리고 물질에 대해 어떤 성향을 지니는지를 알 수 있게 한다. 인내의 화신인 토러스는 물질을 구축하고 잃지 않기 위해서 느림의 미학을 실천한다. 돈에 발이 달렸다는 말이 있듯이 돈에 대한 욕망으로 돈을 좇아 달려갈수록 돈은 더욱 자신에게서 멀어져만 간다. 또한 돈은 자신을 아끼고 귀하게 여겨주는 사람을 따라온다고 말한다. 인내와 참을성 그리고 조용한 기질과 함께 물질을 귀하게 여기고 물질을 축적하기 위해서 부지런히 일하는 토러스는 현실적인 노력과 기다림으로 물질을 끌어당긴다.

♉. 토러스가 지배하는 2번 하우스에 마쓰가 자리 잡은 사람들은 자신 안에 내재된 물질적 욕망을 이루려고 고심하지만, 흙의 성질에 반하는 기질상의 문제를 극복할 때까지 물질을 얻기가 힘들 수도 있다.

♉. 토러스에게 사람들이 많이 모이는 이유는 그의 미적 기질과 유순하면서도 현실적인 성격이 조화를 이루었기 때문일 수도 있다. 이러한 기질은 관계를 잘 무너뜨리지 않고, 서로를 굳건하게 한다.

♉. 관계가 형성되는 곳에는 돈이 모이며, 돈은 사람들을 묶어주는 힘이기도 하다. 너무 빠르거나 너무 개혁적인 성향은 돈을 흐트러뜨리는 성향이 있다. 그러나 지나치게 물질만을 추구한다면 고양된 정신을 함양할 수 없다. 따라서 강한 토러스는 상대적으로 바람과 불의 도움을 받아야만 물질과 정신을 잘 순환시키는 삶을 살 수 있다.

♉. 토러스는 여황제다. 유니버설 웨이트 타로카드 3번 여황제 카드는 여황제가 쇼파에 기대어 비스듬히 앉아있는 자세로 그녀의 여유를 표현하고 있다. 여황제를 둘러싸고 있는 풍요로운 과일과 초목 그리고 나무들은 여황제가 물질의 여왕임을 암시한다. 물질 중 토러스가 가장 중요하게 여기는 본질적인 물질이 의, 식, 주임을 암시한다.

♉. 여황제가 물질을 얻기 위해 마냥 뛰어다닐 필요가 없는 이유는 자신이 의자 밑에 깔고 앉아있는 비너스 때문이다. 토러스는 비너스의 마스터이다. 여유가 여황제의 품격을 완성하는 것은 비너스의 여유와 풍요로운 물질이다.

♉. 토러스는 안정과 안전의 싸인이다. 씨름선수의 형상에 비유되기도 하는 소는 뒷발을 땅에 단단하게 꽂고 상대 소에 절대로 밀리지 않으려고 한다. 먼저 공격하지 않되, 상대의 공격에 절대로 움직이지

않는 싸움소의 자세는 굳건한 물질의 힘을 표현한다. 토러스는 마치 소처럼 땅에 자신의 토대를 단단하게 세우려고 한다. 믿음과 신의를 의미하는 흙 그리고 땅은 토러스가 의존할 수 있는 상대임을 암시하기도 한다.

♉. 관계의 행성인 비너스가 룰링하는 토러스는 집을 꾸미는 것을 좋아하고 집에 머무는 것을 좋아한다. 토러스가 집을 좋아하는 이유는 그가 안전에 대해 집요한 생각을 가지고 있기 때문이다. 만일 우리들의 집이 위험한 곳에 세워져 있다거나 대문이 언제나 열려있다면 불안을 느낄 것이다. 자신의 집에 걸맞은 품격 있는 가구 등의 살림살이로 집을 자신이 편안하고 안락하게 머물 수 있는 공간으로 만드는 것을 즐긴다.

♉. 토러스는 새롭고 낯선 것을 좋아하지 않는다. 그는 새로운 사람이나 새로운 장소보다는 익숙한 사람들이나 익숙하고 편안한 장소를 좋아한다. 이들이 집에 머물기를 좋아하는 것도 집이 그에게 가장 편안하고 익숙한 장소이기 때문이다. 그는 친구들과의 만남을 위해 굳이 집 밖을 나가기보다는 아름답게 꾸며놓은 자신의 집에 익숙하고 친한 친구들을 초대해 함께 식사하는 것을 좋아한다.

♉. 토러스가 집 밖에서 사람들을 만날 때 그는 식사를 즐기며 대화를 나눌 수 있는 레스토랑 같은 곳을 즐긴다. 그의 감각적인 성향은 비너스에 의해 더욱 고급스러운 취향을 가지고 있으며, 타고난 미식가로서 품격 있는 음악과 더불어 좋은 와인을 즐기는 취향을 갖춘 토

러스는 집으로 초대한 친구들에게 오래된 와인을 깜짝 대접함으로써 자신의 와인에 대한 풍요로운 지식을 간접적으로 자랑하며 만족하기도 한다.

♉. 토러스는 때로 지나치게 감각적이어서 관능적일 수 있다. 사랑에 있어서 토러스는 철저한 준비가이며, 그의 사랑은 연인과 함께 서로의 오감을 만족하길 원한다. 관능적인 토러스의 미를 평가절하해서는 안 된다. 이들이 누군가와 연인이 되기로 선택했다는 것은 그가 자신의 자신과 자신의 매력을 받을만한 충분한 자격이 있는 사람이기 때문이다.

♉. 이들은 사랑에 대해서 진지하게 생각하며 안전하게 느낄 수 있는 사람을 선택한다. 이들은 연륜 있고 경험이 풍부하며 경제적으로도 안정감 있는 원숙한 사람을 선호한다. 또한 예술이나 문화적으로 풍요로운 감각을 지녀서 삶을 즐길 줄 알고 물질적 가치판단이 뛰어난 사람이라면 토러스의 좋은 상대가 될 것이다. 이들은 원숙한 연인에게 안정적인 애정을 받기를 바라고 연인과 함께 자신의 집을 아름답고 안정되게 꾸며서 자신들만의 안전한 성을 만들기 원한다. 이들이 상대에게 안정감을 느끼고 믿음을 가지게 되면 상대에게 자신의 모든 것을 쏟아붓는다. 이들 또한 자신의 연인에게 풍요로운 애정과 삶에서 즐길 수 있는 여유와 아름다움을 선사하고 싶어 한다. 비록 열정적일지라도 무모한 모험가를 선호하지는 않는다. 토러스는 애정이 풍부하고, 사랑을 숨기지 않으며 감각적인 느낌들을 소중하게 생각한다. 따라서 연인과 함께 좋은 음식, 좋은 음악, 아름다운 장소들, 촉감

이 좋은 옷들을 입기 원한다. 토러스와 잘 어울리는 사람들은 캔서, 버고, 스콜피오, 케프리컨, 파이씨즈와 같은 사람들이다.

♉. 토러스는 지나치게 모험을 추구하고 상상력이 풍부하며 지성적이라도 안정감이 없고, 경제적 기반을 수립하지 못한 사람들에 대해서는 호감을 갖지 않는다. 이들에게 어울리는 싸인은 캔서, 버고, 스콜피오, 케프리컨, 파이씨즈 들이다.

♉. 토러스가 기브 앤 테이크[1]의 원칙을 결코 무시하지 않으면서도 풍요로운 여황제의 분위기를 풍길 수 있는 것은 그녀들이 물질의 법칙을 사용하는 법을 알기 때문이다. 투자의 원리에 대해 박식한 이들은, 좋은 씨를 뿌리고 풍요롭게 거름을 준 땅에서 좋은 열매가 난다는 사실을 안다. 토러스는 물질적인 면이나 인간적인 면에 있어서 풍성한 결과를 얻기 바란다. 이들이 일단 투자를 마음먹었다면 초라한 모습과 분위기로 관계의 질을 떨어뜨리지 않는다. 따라서 그는 물질로든 인간으로든 자신이 투자한 것을 그 이상으로 거두어들일 수 있는 투자의 귀재다.

♉. 토러스의 사랑을 얻고 싶다면, 인내심이 필요할 것이다. 이들의 사랑은 번갯불에 콩 굽듯이 급하게 일어나는 법이 없다. 흙의 관능을 지닌 토러스는 그릇이 구워지려면 시간이 걸리듯이 시간을 필요로 한다. 이들은 시간을 들여서 상대를 조망하고 상대의 가치를 판단한다.

---

[1] 기브 앤 테이크(Give and Take)는 주고, 받는다라는 의미로서, 비록 외국어지만 실생활에서 자연스럽게 접하는 외국어이기 때문에 영문그대로 사용했다.

♉. 에리즈는 언제나 강한 자극을 필요로 하는 사람들이고 이들에게 사랑은 욕망이나 도전정신에 가깝다. 산을 정복하듯이 정복을 즐기는 에리즈와 정복한 산을 더욱 풍요로운 장소로 가꾸고자 열망하는 토러스는 너무 다른 존재들이다.

♉. 돈의 가치를 무엇보다 소중히 하는 토러스에게 돈을 불처럼 낭비하는 모습은 둘의 관계를 위태롭게 하는 시발점이 될 수도 있다. 상상력은 풍부하지만, 현실화시키지 못하는 타입에게도 토러스는 흥미를 느끼지 못한다.

♉. 미에 관련된 모든 직업들은 토러스의 관할 하에 있다. 즉 미용실, 화장품 가게, 코스메틱 전문점, 미술판매상, 의상디자이너, 코스메틱 디자이너 등이 토러스가 관할하는 직업군들로서 모두 여성의 아름다움을 진작시킨다는 공통점을 가지고 있다.

♉. 토러스 쎄턴인 사람들은 즐거움에 대해서 인색한 사람들이다. 이들이 감각적인 비너스 신의 가호를 받지 못하고 자신에게 인색하고, 스스로를 엄격한 규칙 아래 가두는 습성 때문에 관능적인 감각을 즐기는 것에 대해 불편함을 느끼기도 한다. 그렇다고 이들이 감각을 느끼지 못하는 것은 아니다. 단지 이들은 자신의 흙 속에 자신의 감각을 깊숙이 가두어두었을 뿐이다. 그러나 이들이 나이가 들어서 삶의 여유와 성숙함을 가지게 된다면 토러스가 부여하는 풍요로움과 예술적인 미를 즐길 줄 아는 여유와 감각의 지혜를 얻게 될 수도 있다.

♉. 토러스는 현실적인 싸인이다. 토러스는 독서를 통한 간접 경험보다 경험의 철학을 신봉한다. 그러나 그가 어떤 책을 보고 있다면 그것은 아마도 실용서적일 것이다. 경제 관련서나 농업 관련 서적 그리고 자격증 관련 서적이나 디자인 서적, 요리 관련 서적과 레스토랑 창업 관련 서적 등은 이들이 선호하는 책이다. 서정의 미와 낭만적인 에세이도 물론 가능하다. 산책로를 정확한 시간에 걸었던 칸트를 보라.

♉. 토러스는 세 가지 흙 싸인(토러스, 버고, 케프리컨) 중에 가장 흙의 성질이 강하다. 픽스드의 성질이 흙의 특성을 더욱 강화시키기 때문이다. 너무 강화된 흙은 지나치게 굳어버려 전혀 움직이지 않는 틀과도 같다. 어떠한 것도 이러한 흙을 휘저을 수 없는 것은 바로 토러스들이 웬만한 도전에는 전혀 감정의 변화를 보이지 않는 것과 같다. 토러스는 화를 잘 내지 않는다. 마치 소를 물가에 끌고 갈 때까지 그의 진정한 본성이 전혀 드러나지 않는 것과도 같다. 그러나 소에게 물을 먹이려고 할 때에서야 그가 얼마나 고집스러운 존재인지를 엿볼 수 있다.

♉. 토러스는 화를 잘 내지 않기 때문에 성격이 좋아 보인다. 이들은 관계 속에서 비너스의 가치를 사용한다. 아름답고 조화로우며 상대를 자신 쪽으로 끌어당길 수 있는 것이 비너스의 가치이다. 상대의 제안이나 말에 거부감을 보이는 일도 없이 상대의 말을 편안하고 여유 있게 들어준다. 이들은 때로 무미건조하게 보이기도 하는데, 흙의 기운은 이들이 상대의 말이나 행동에 일희일비하지 않도록 만든다. 그러나 토러스는 부드러운 표정 속에서 감각적으로 상대가 자신과 함께 할 가치가 있는 사람인지를 평가한다.

♉. 토러스는 무엇인가 선택해야 할 때 물질적인 잣대를 사용한다. 즉 상대가 어떤 냄새를 가졌는지, 어떠한 복장을 착용했는지, 말은 어떤 식으로 하는지, 그가 입은 옷은 어떠한 옷감을 사용했는지, 머리나 옷을 입은 미적 센스는 어떠한지, 음식에 대한 미식안을 가지고 있는지, 좋은 장소를 선별하는 능력이 있는지와 같은 것들이 토러스가 상대를 평가하는 기준이다. 여기에 몇 가지를 더 덧붙인다면 자산 관리 능력을 살피고, 지나친 허영심을 경계한다. 이들은 상대를 자신에게 유리하도록 끌어들이는 매력이 있기 때문에 상대와 딜을 할 때 싸울 필요는 없다. 상대가 정당한 조건을 제시한다면 이들은 받아들일 것이다. 그러나 대부분의 경우 이들은 자신에게 유리하게 계약을 이끌어갈 만큼 상쾌하고 기분 좋은 분위기를 자아내는 사람들이다. 따라서 상대방도 왠지 모르게 그냥 토러스들이 제시하는 조건을 받아들이게 되고 마는 것이다.

♉. 토러스가 관계의 싸인인 것은 이들이 비너스의 가치를 잘 활용하기 때문이다. 그렇다면 비너스의 가치는 무엇인가? 비너스는 아름답고 풍요로워서 상대에게 호감과 매력을 준다. 매력은 상대를 그 자리에서 떠나지 못하게 하고, 오랜 시간 함께하고 싶게 한다. 이때 토러스는 자신이 원하는 것을 제시할 수 있는 유리한 조건을 차지하게 된다.

♉. 토러스는 성격이 좋다. 이들은 웬만해서는 화를 잘 내지 않는다. 그러나 이들이 한 번 화를 낸다면 정말 무서울 수 있다. 투우 소의 성질을 드러낼 것이고 그동안 흙 속에 머물러있던 화는 엄청난 폭발력으로 드러난다.

♉. 단단하게 쌓인 흙 속에 손을 넣고 휘저으면 잘 저어지지 않는다. 토러스의 안정된 성격은 사실 토대 속에 단단히 깃발이 꽂혀있는 깃대와도 같다. 유연해 보이지만 그 뿌리는 견고하고 단단하고 완고하다. 한 번 결심하면 고집불통으로 보이기도 한다. 이들에게 어떠한 의견을 제시한다고 해도 이들은 민감한 반응을 보이지는 않을 것이다. 그러나 만일 이들이 진정으로 하고 싶어 하지 않는 일을 하도록 만든다면 소가 물을 먹기를 거부하듯이 단호하게 노우라고 말할 것이다.

♉. 토러스의 성질은 그들이 겉으로 드러내는 모습만큼 정말 평화로운 것일까? 토러스는 신경이 너무 둔해서 꼬리를 밟으면 아픔을 느끼는데 십 여분 이상이 걸리는 공룡과 같은 느낌이 들기도 할 수 있다. 이들이 신경은 둔한 편이어서 이들을 느리고 여유 있어 보이게 만든다. 이것은 상대를 편안하게 만든다. 또한 이들은 도발에 바로 응대하지 않는다. 이들의 여유는 이러한 생리학적 특성에서 나오는 것일 수도 있다. 그러나 느긋한 사람이라고 화를 내지 못하는 것은 아니다. 단지 이들은 자신의 화를 담을 수 있는 그릇이 단단해서 화가 그 자신에게 도달하는데 오랜 시간이 걸리는 것일 뿐이다. 그러나 흙으로 된 도기가 달궈지는 데 오랜 시간이 걸리겠지만, 한 번 달궈지면 그 열기는 오랫동안 지속된다.

♉. 토러스는 오랜 시간에 걸쳐서 한 가지 기술을 집요하게 익힐 수 있는 사람들이다. 어떤 것에든 쉽게 싫증을 내는 사람들을 잘 이해하지 못할 수도 있다. 물질은 얻는 행위는 한 가지를 목표 삼아 집요한 노력을 기울여야 한다. 물론 행운과 우연히 따라서 늘 상 큰돈을 거머

쥐는 사람들의 이야기는 여기서는 제외하도록 하겠다.

♉. 흙으로 세운 건물은 세우기도 어렵지만, 부수기도 어렵다. 그러나 한번 부서진다면 다시 세우기 위해 너무나 오랜 노력이 들어갈 수 있다. 옆으로 약간 기울어진 피사의 사탑은 오히려 그러한 바람에 저항하지 않는 건물의 특성 때문에 무너지지 않고 오랜 세월을 버틸 수 있었다고 한다. 오늘날의 건물이나 다리에 흔들리는 건축공법을 적용함으로써 지진과 같은 천재지변에 대비하도록 한 기발한 아이디어의 승리라고 볼 수 있다. 흙의 견고함과 바람의 유연함이 적당히 혼합되었을 때 더욱 실용적이고 영구적이며 자연을 수용하는 건축물이 탄생할 수 있음을 말해주는 실례다. 흙이 너무 강한 토러스는 변화에 완강히 거부하기 때문에 피치 못 할 변화를 맞는다면 심리적으로 완전히 붕괴될 수도 있다.

♉. 토러스의 금전운은 어떨까? 네츄럴 2번 하우스를 지배하는 토러스는 꾸준하게 돈을 모으고, 돈을 귀하게 생각하고, 저축하며, 돈을 벌기 위해서 열심히 노력한다. 투자나 재투자에 능하다. 돈을 벌거나 쓸 때 진지하고 철저한 계획하에 진행한다. 한꺼번에 돈을 얻으려고 하거나, 허황된 곳에는 투자하지 않는다. 특히 돈을 투자할 때는 현실적이고 검증된 방법을 사용한다. 한 번 들어온 돈은 잘 새어나가지 않는다.

♉. 토러스의 미인은 풍만한 여성상이다. 따라서 그녀의 아름다움은 풍요로움과 여유에서 나온다. 그녀는 미인일 수도 있지만, 물질적으

로 풍요로운 귀부인에 더 가깝다. 과거의 여황제가 백성들의 의식주를 책임질 능력이 있는 사람이었다.

♉. 토러스가 낯선 곳에 잘 가지 않는 이유는 낯선 곳에는 처음 갈 때 감안해야 할 위험(Risk)이 있기 때문이다. 토러스는 오랜 세월에 걸쳐서 살아남은 클래식의 힘을 믿는 사람들이다. 그럼에도 불구하고 상상력의 가치를 높이 치지 않는 이들은 드라마를 사랑하지는 않는다. 연인을 선택할 때도 그의 꿈보다 그의 현실을 보고 선택할 것이다. 이들은 자녀를 소중하게 생각하며 부지런히 벌어서 아이들을 잘 먹이고, 잘 입히고 안락한 곳에 살도록 해주고 싶어 한다.

♉. 인체의 목을 의미하는 토러스는 몸과 머리를 연결해주는 역할을 한다. 토러스 쎄턴이 어플릭트[2] 되면 목과 관련된 질환을 앓을 수 있다. 제머나이는 바람의 요소에 의해서 자신의 사회성이 강화되겠지만, 토러스는 우선 자신 안에서 물질과 정신의 원활한 교류를 시도해야 하고, 두 번째는 비너스의 영향으로 사회성을 가지게 된다. 토러스는 미적 감각과 축적된 물질을 이용해서 자신의 집을 가꾸길 좋아한다. 안락한 집이 주는 편안함은 이들의 몸과 마음을 편안하게 하여 정신적이고 육체적인 안정을 가져온다. 토러스의 룰러인 비너스는 그가 제머나이처럼 분주하게 돌아다니지 않아도 많은 사람들을 자신에게 끌어오도록 하는 마법의 여신이다.

---

[2] 어플릭트(Affliction)는 특정 행성이 마쓰나 쎄턴과 같은 흉성에 의해 흉각으로 트리거 되는 것을 의미한다.

❡. 토러스의 공부 운은 어떨까? 이들은 성실하게 노력한다. 꾸준함과 성실성과 되풀이되는 반복을 통해서 배운 것을 완전히 익히고 자신의 것으로 만드는 능력을 가졌다. 이들은 처음에는 학습능력이 다소 떨어질 수 있다. 제머나이들처럼 빠른 이해력이나, 어퀘리어스처럼 사물을 한 번에 꿰뚫어 보는 능력은 떨어진다. 그러나 자신이 좋아하는 분야에 대해서는 익히고 또 익혀서 한 분야에서 기술을 습득하고 또다시 반복을 통하여 예술로 승화시킨다. 토러스 라이징 차트를 가진 사람들은 한 가지에 익숙하고 능숙해지기 위해서 시간이 걸린다. 따라서 어린 시절 다른 유아들보다 걸음이나 말이 늦었을 수도 있었을 것이다. 특히 3번 하우스의 커스프 싸인이 토러스인 사람들의 경우에 어린 시절의 학습능력이 떨어졌을 가능성이 높다. 학교 때 다른 학생들에 비해 이해력과 언어능력이 떨어졌을 가능성이 있다. 그러나 이들은 대기만성형이자 노력가이기 때문에 성실하고 지치지 않는 학습을 통해서 공부를 이루어 내기도 한다.

❡. 토러스의 룰러인 비너스가 흉각과 연결되거나 비너스가 힘이 없으면, 이들은 나태하고, 게으를 수 있으며, 방종할 수 있다.

❡. 토러스의 직업 운은 어떨까? 농사, 경제 전문가, 패션디자이너, 지압 요법사, 그래픽디자이너, 레스토랑 사업가, 축산업, 여성 코스메틱 관련 직업, 농원경영자, 미용실, 경제학자, 양품점, 피부미용관리사, 각종 수선가, 건축가, 보석감별사, 보안전문가, 조경예술가, 전당포 사장, 재테크 관리사, 은행장, 보물수집 판매상, 아트 판매상, 보석관리사, 보물 수집가, 돌 수집가, 콘크리트제조가, 시멘트판매상, 가수, 보

이스 코칭가, 패션디자이너, 레미콘 운전자, 컴퓨터 프로그래머, 축산업 종사자, 와인 감별사, 요리사, 증권투자가, 공사판 십장, 얼굴경영가, 목수, 여황제, 목재상, 땅 매입가, 마사지종사자, 목욕관리사, 목욕관리사, 보석가게 사장, 빌라건축판매인 등이다.

♉. 이들은 건강한 신체의 소유자들이지만 룰러인 비너스가 어플릭트 되어있다면 기관지나 갑상선 질환 그리고 성대 결절 등 목과 관련된 질환을 조심해야 한다.

♉. 화를 잘 내지 않는 토러스는 무던하다는 평가를 듣는다. 토러스는 느리고 평화적이고 좋은 성격을 드러낸다. 그러나 한 번 화를 낸다면 투우 소처럼 무서울 수 있다. 이들이 화를 잘 내지 않는 이유는 도기가 불에 구워지는데 오랜 시간이 걸리는 것과 같다. 비너스처럼 느리고 여유 있고 예술적인 모습으로 자신을 드러낸다.

♉. 토러스의 사람들은 조용하지만, 솔직하다. 이것은 토러스의 흙 기운이 정직과 신용 그리고 믿음을 중요하게 생각하기 때문이다. 토러스들과의 만남에서 대화거리가 떨어진다면 경제 이야기로 화제를 돌리는 것도 좋은 방법이다.

♉. 토러스는 일단 결심하면 단호한 결정을 한다. 그러나 그가 결정이나 결심을 하는데 오랜 시간이 걸린다. 이것은 결정의 대상에 대한 가치를 판단하는데 시간이 걸리기 때문이다. 토러스는 행동하기 전에 숙고한다. 따라서 실현 불가능한 일을 미리 약속한다든가, 허황된 계

획을 입 밖에 내는 일은 거의 없다.

♉. 토러스는 강한 의지의 소유자이다. 이들은 돈을 벌고 모으는데 큰 가치를 둔다. 물질적 성공을 이루기 위해 성공할 때까지 노력한다. 돈의 가치를 알고 돈을 아끼며 때로는 돈을 숭배하기도 한다.

♉. 토러스는 평화롭고 느린 성미와 여유가 있는 만큼 상대에게 친절하다. 이것은 토러스가 가진 물질의 힘이기도 하다. 풍요로운 물질은 토러스에게 자신감과 안정감을 부여하고, 이러한 기질은 상대를 여유 있고 관대하게 대할 수 있는 자질의 바탕이 된다.

♉. 흙의 사람들은 단단하고 안정적이며 신용할 수 있으며 의존할 수 있는 사람들이다. 믿을 수 있는 사람과 그렇지 않은 사람들에 대한 판단력이 뛰어나다. 투자 가치가 있다면 투자한다. 토러스는 예술성의 룰러인 비너스를 가지고 있음에도 의외로 단순하다. 따라서 토러스의 사람들은 우직한 느낌을 주기도 하다.

♉. 토러스는 일단 결심하고 나면 잘 변하지 않는다. 토러스는 고집이 강한 편이지만, 자신의 의견을 상대에게 강요하지는 않는다. 이것은 토러스의 룰러인 비너스가 관계와 미의 행성이기 때문이다. 토러스는 관계에서 아름다움을 의미하는 비너스의 법칙을 사용하기 때문이다. 이들의 아름다움과 풍요로움은 관계를 부드럽게 하며, 쉽게 쉽게 진행하는 태도는 상대와 원만하고 꾸준한 관계를 지속하게 한다. 이들의 이러한 비너스적 성질은 타인을 자신에게 끌어들여서 상대를

설득하고 자신의 의견을 관철하게 하는 원동력이 된다.

♉. 토러스는 때때로 너무 고집불통이라는 평가를 듣기도 한다. 변화를 가장 싫어하는 싸인 중에 하나인 사람들로서, 융통성이 떨어지는 것을 믿음과 신용. 근면과 성실로써 대체한다.

♉. 토러스 여성들의 감각적 아름다움은 사람들을 끌어당긴다. 미의 여신이자 사랑의 여신인 아프로디테는 바로 토러스의 싸인인 비너스이다. 토러스는 자신을 함부로 대하는 사람을 결코 용납하지 않는다. 토러스는 매우 현실적인 싸인이다.

♉. 답습과 반복의 과정을 겪지 않는다면 새로운 기예를 연마한다고 하여도 최고의 기예를 자신의 것으로 만들 수는 없다. 토러스는 끝없는 인내심을 가지고 고정된 루틴을 실행하는 싸인이다. 그는 끝없는 반복을 통해서 자신을 업그레이드하려는 욕망을 갖는다.

♉. 토러스는 물질욕이 과할 수가 있다. 그것은 때로 자신의 제국을 세우려는 욕심으로 드러날 수도 있다. 이들은 사랑과 돈에 관련된 폭력적인 상황에 관련되는 경향이 있다. 이들은 종종 타인을 적대시하고 그들의 고집과 소유욕 때문에 연애의 열정을 부추긴다.

§ 3. 제머나이(Gemini)

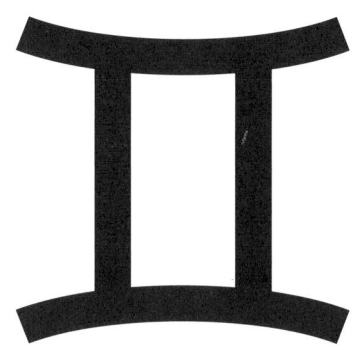

5월 21일 ~ 6월 21일

> ♊ 키워드 (Rulership:도마사일 ☿/익졸테이션-)
>
> 언어, 소통, 유통, 무역, 여행, 길, 상거래, 거짓말, 책, 작가, 방송인, 신문기자, 나비, 정신없음, 정보, 신문, 타블로이드 신문, 학생, 사실, 지성, 데이터, 논리, 피상적인, 정신적 힘, 분류와 통합, 이름 붙이기, 호기심, 퍼즐 맞추기, 언어로 사물을 구별하는 능력, 마음, 정보 수집과 정보 유포에 능한, 가십을 즐기는, 우리의 경험을 언어로 분석하고 분류하고 구분하기, 개인이 인식하는 환경, 형제, 자매, 지인(배꼽 친구), 어린 시절 학교에서의 경험, 동급생, 글쓰기, 말하기, 방송 매체(media), 교사, 강사, 세일즈맨, 비서직, 리포터, 영원한 학생, 현실에서 유리된, 이중성, 어깨, 폐, 팔, 의식적 마음, 정신없음, 기지가 넘치는, 돌아다니며 사람

들과 어울리기를 좋아하는, 큰 꿈을 꾸지만 머릿속의 상상만으로 그치는, 노이로제의, 신경증, 자동차, 기차, 자전거, 멀티테스킹, 산만한, 끝없이 흥밋거리를 추구하는, 사고가 빠르고 날카로운, 심부름꾼, 편지, 메일, 이웃, 원숭이, 종이, 걷기, 나비, 신경이 예민한, 피상적이고 천박한, 집중력이 떨어지는, 기계적인, 에스컬레이터, 책상, 시시덕거리기 좋아하는, 최신식의 뉴스거리로 자신을 업데이트하는, 다양하게 읽지만 깊이 읽지 않는, 얕은 지식의, 듣기보다는 말하기를 좋아하는, 다양한 정보를 가지지만 깊이가 없는, 서로 관계없는 다양한 지식을 버무려서 사용하는 능력이 있는, 빨리 배워서 사용하려고 하는, 젊은, 최신식 기계를 잘 다루는, 가벼운 마음, 정신적 자극이 필요한, 비밀을 잘 지키지 못하는, 감정보다 지성을 중시하는, 감정이 유리된, 이중성, 쉽게 싫증을 느끼는, 배우, 출판업, 나는 안다.

♊. 제머나이는 소통의 싸인이다. 소통은 말과 글을 통해서 이루어진다. 말은 공기를 매개하여 상대에게 전해진다. 글을 이용한 편지, 책, 이메일, 각종 문서 등을 통해서도 서로의 관계가 이루어진다. 따라서 제머나이는 이것과 저것, 이 사람과 저 사람, 그리고 이 장소와 저 장소를 연결하는 다리 내지는 중개 역할을 하는 싸인이다.

♊. 제머나이는 자신이 알고 있다는 사실을 중요하게 여긴다. 그는 지식의 수집하고 지식을 배포한다. 그는 다양한 정보와 뉴스를 통하여 지식을 얻으며, 한자리나 한 사람과 오랫동안 머물러있기 힘든 그의 성격상 여러 장소를 돌아다니면서, 여러 사람들과의 만남을 통해 지식이나 정보를 얻기도 한다. 특히 제머나이 마쓰는 비평가로서 자신의 능력을 펼칠 수 있지만, 부정적으로 사용되면 습관적으로 타인의 흉을 보는 성격으로 발현될 수도 있다.

♊. 제머나이에게 지식은 자신을 표현하는 힘일 뿐만이 아니라, 스스로에게 힘을 부여하고, 자신을 정당화시키는 방편이기도 하다. 언어사용의 귀재로서 제머나이는 언어를 자신의 방패로 사용하는 경향이 있다. 제머나이가 부정적으로 사용된다면 언어를 무기로 휘두르는 경향도 있는데, 이러한 개인은 자신의 언어를 이용하여 타인을 조정할 수 있을 만큼의 강력한 힘을 지니기도 한다.

♊. 제머나이가 2번 하우스에 있는 경우 그는 두 가지 이상의 직업을 통하여 수입을 얻을 수 있다. 돈을 낭비하는 경향이 있으며, 말을 이용한 직업이나 여행 또는 각종 중개 행위를 통하여 돈이 들어오기도 한다.

♊. 제머나이의 바람 성향 때문에 집중력이 떨어지고 지나치게 산만한 경향이 있다. 특히 제머나이의 단점은 피상성이다. 그는 자신의 두뇌 에너지를 지나치게 사용한다.

♊. 제머나이의 룰러인 머큐리는 헤르메스 신이다. 헤르메스 신은 무역과 교역의 신이자 웅변과 지성의 신이기도 하다. 또한 사기의 신이며 경계의 신이기도 한 헤르메스 신은 선과 악, 어느 한 가지 모습으로 자신을 규정하지 않는 이 싸인의 특성을 보여준다.

♊. 제머나이의 경계선적 측면은 제머나이의 직업군에 속하는 신문의 때로는 모호한 문체들에서 발견할 수 있다. 신문기사가 사실을 바탕으로 하지만, 때로 언어의 특징을 이용한 교묘한 문체로 책임에서 벗어나기도 하는 점이 제머나이의 경계선적 측면이다. 앞서 언급했듯이 헤르메스 신은 경계의 신이다.

♊. 제머나이의 룰러인 머큐리는 중성적이고 이중적인 특징을 지닌다. 쌍둥이 싸인이기도 한 제머나이의 상징은 두 개의 기둥이 함께 있어야만 완전체가 될 수 있는 그의 태생적인 한계를 보여준다. 이들의 부산스러움과 함께 말은 이렇게 하지만 마음속으로는 다르게 생각하는 등의 이중성은 두 개의 기둥이 상징하는 의미에 상응한다.

♊. 제머나이에게 가장 중요한 특성 중 하나인 이중성은 그가 두 가지 직업, 두 명의 연인, 두 가지의 마음을 가질 수 있음을 암시한다. 이들은 한 번에 두 가지 이상의 일을 하는 멀티테스커(Multi Tasker)

이며, 컴퓨터 화면에 여러 개의 창을 띄어놓고 동시에 작업하거나, 여러 권의 책을 동시에 읽기도 한다. 제머나이는 이러한 습성으로 다양성을 얻지만, 대신에 깊은 몰입을 통해서 얻을 수 있는 깊이와 철학은 결여될 수 있다.

☙. 제머나이는 논리적이다. 논리성은 제머나이의 생명과도 같다. 그는 자신이 수집한 오만가지 지식을 지성과 논리로 통합시킨다. 이들은 언어가 존재하게 된 근본적 원인인 사물에 이름을 붙이는 행위에 충실한 편이다. 제머나이와 대극에 위치하는 쎄지테리어스가 깊은 학문과 정신적, 신체적 여행을 통해 인생의 지혜와 진리를 추구하는 반면, 제머나이는 정확한 사실이나 사건에 더 많은 관심이 있다.

☙. 언어는 소통을 낳고, 원활한 소통은 관계로 이어진다. 관계는 길을 열리게 했으며, 길을 통해서 여행이 시작되고, 여행은 지역과 지역, 사람과 사람 사이를 연결한다. 기교의 언어가 제머나이의 것이라면 진리의 언어는 쎄지테리어스의 것이다. 신문기자가 제머나이의 영역이라면 신문의 논설위원은 쎄지테리어스의 직업에 가깝다.

☙. 교역과 무역은 돈과 물자가 거래됨으로써 지역과 지역 간에 다리를 연결한다. 다리를 통해 지역 간의 상업과 무역이 발달한다. 헤르메스 신은 교역과 무역의 신이자 상업의 신이기도 했다.

☙. 제머나이의 뛰어난 언어능력은 "펜은 칼보다 강하다."라는 속담을 떠올리게 한다. 언어가 긍정적으로 사용된다면 사람들 간에 긍정

적인 교류가 이루어진다. 그러나 부정적으로 사용된다면 때로 언어는 칼보다 무섭다. 어퀘리어스 머큐리가 어플릭트 된 사람들은 비범한 통찰력을 가집이나 신랄한 언어로 사용할 수 있다. 인터넷상의 파괴적인 댓글이나 논리를 전도하는 가십성 글로 표현될 수도 있다.

♊. 제머나이는 평생 배우려고 하는 사람들이다. 이들의 끝없는 호기심과 배우려는 의지는 끝이 없다. 이들은 학교 졸업 후에도 생업에 뛰어들지 않는 영원한 대학생으로 남을 수도 있다. 이들이 돈을 벌 수 없어서 벌지 않는 것은 결코 아니다. 단지 다양한 배움이 자신을 보호하고 안전하게 하는 근원이기 때문이다. 이들은 "백공이 굶어 죽는다.[3]"라는 말을 마음에 새겨 둘 필요가 있다.

♊. 제머나이의 산만함은 그의 말투에서 나타나기도 한다. 수다쟁이 기질이 있는 이들은 말이 너무 빠를 수 있다. 마치 서로 끊임없이 릴레이식으로 흥밋거리를 주고받는 만담가들처럼 이들은 끊임없이 말한다. 따라서 두뇌 에너지를 너무 많이 소모하고 신경증에 걸릴 수도 있다. 이들에게는 혼자만의 휴식이 절대적으로 필요하다.

♊. 제머나이 달은 이중적인 마음, 이중적인 마인드의 소유자일 수 있다. 이들은 자신이 내뱉은 말을 곧 후회하기도 하며, 밤에 오랫동안 전화통화를 붙잡고 있는 기질의 소유자들일 수 있다. 특히 자신의 우울한 마음을 말로 표현하려고 하는 경향이 있으며, 맘속의 말을 숨기

---

3) 백공이 굶어 죽는다는 속담은 너무 여러 가지 일을 하다 보니 한 가지를 깊이 하지 못해서 실생활에 현실적으로 사용하지 못한다는 습관을 비유한 말이다.

지 못하고 그대로 해버리기도 한다. 마음속에 너무 다양한 자아가 들어있기 때문에 때로 스스로를 주체하기 힘들어하기도 한다.

♋. 제머나이의 연애성향은 나비와도 같다. 이들은 나비가 아름다운 꽃을 찾듯이 자신의 짝을 찾아다닌다. 한 사람에게 오랫동안 머물지 못하기 때문에 바람둥이의 기질이 보인다. 이들은 상대가 자신에게 정신적인 자극을 주면서 동시에 자신에게 끊임없이 흥밋거리를 제공해주기를 바라기 때문에 만족스러운 상대를 쉽게 찾지 못한다. 부산스러워 보임에도 뛰어난 지성으로 상대의 속임수를 간파하기 때문에 자신은 얄팍해 보일 수 있어도 그런 상대에게는 진심을 주지 않는다.

♋. 제머나이는 새로운 사람과도 쉽게 친구가 된다. 그러나 이들은 상대에게 깊은 마음을 주지 않는다. 마음보다 머리로 친구를 사귀고 상대와 감정을 교류하는 것을 좋아하지 않는다. 따라서 많은 사람을 만나도 진정한 친구를 사귀기는 어려울 수 있다.

♋. 제머나이의 직업 운은 어떨까? 이들은 실내 활동보다 끊임없이 움직이며 논리와 말을 사용하는 직업을 선호한다. 여행 작가, 각종 중개인, 무역상, 여행가, 카레이서, 우편 배달부, 연극작가, 심부름꾼, 신문기자, 아나운서, 방송관련자, 카피라이터, 광고홍보가, 광고기획자, 세일즈맨, 택배기사, 택시기사, 회계사, 에디터, 웅변가, 도서관 사서, 서점 직원, 리포터, 교사, 강사, 학생, 라디오 TV 프로듀서, 라디오 오퍼레이터, 롤러브레이드 강사, 스케이드보드 교육자, 총알 택배기사, 작가, 철도종사자, 언어학자, 논리학원 강사, 소통전문가, 각종 학원운

영자, 만담가, 스탠딩 개그맨, 잡지사 직원, 편집자, 교정가, 출판업, 디스크자키, 텔레마케터, 비서, 타이프라이터, 편의점직원, 인쇄공, 신문유통업자, 점원, 강사, 언어 교정가, 흥신소 직원 등 한자리에 머물러있지 않고 수시로 이동하는 직업을 선호한다.

♋. 제머나이는 머리로만 지식을 알기 때문에 윤리적인 오류에 빠질 수 있다. 끊임없이 흥미 기사를 만들어내는 파파라치나 타블로이드 신문도 제머나이적 성향의 발현이다. 이들이 케프리컨이나 쎄턴의 도움을 받는다면 좀도 깊고 진지하며 성실한 태도로 삶을 받아들일 수 있고 실무자나 경험자로서 자신이 수집한 다양한 정보와 지식을 현실화시킬 수 있는 능력을 가지게 된다.

♋. 제머나이는 시간과 공간을 넘어서 소통한다. 전자는 문자로 기록되고 시대를 넘어서 살아남은 문학작품이나 문서들이다. 시간과 시간을 소통시키는 것은 고전의 역량이다. 후자는 길을 통한 지역 간의 소통으로써 과거의 비단길은 동양과 서양이 서로의 존재를 알게 된 최초의 길로 알려져 있다.

♋. 이들은 여행을 좋아한다. 특히 도보 여행, 자전거 여행, 자동차 여행이나 롤러브레이드 또는 스케이드보드 등을 타고 하는 짧은 여행, 국내 여행 등이 제머나이들이 즐겨하는 여행이다. 제머나이는 교통수단을 의미하기도 하고 앞서 언급한 교통수단들은 모두 제머나이의 소관이다.

☙. 다양한 교통수단은 머큐리로도 표현된다. 에리즈 머큐리는 소방차, 토러스 머큐리는 농산물이나 식자재를 나르는 차, 제머나이 머큐리는 신문사 차, 오토바이, 학원 차량, 캔서 머큐리는 아기 요람, 유모차, 리오 머큐리는 쇼 비즈니스 광고용 차량, 영화 촬영 차량, 버고 머큐리는 앰뷸런스, 리브라 머큐리는 외교 관련 차량, 스콜피오 머큐리는 과학수사대 차, 쎄지테리어스 머큐리는 외제 차, 케프리컨 머큐리는 국가 귀빈 세단, 어퀘리어스 머큐리는 항공기, 파이씨즈 머큐리는 선박으로 표현할 수 있다.

☙. 제머나이는 유치원부터 고등학교까지의 교육을 의미한다. 이 시기의 교육은 언어를 배우고 언어로 다양한 분야의 지식을 섭렵하는 시기다. 또한 언어를 습득하는 이 시기의 교육은 사물에 이름을 부여하고 분류하는 것을 가능하게 함으로써, 자신과 타인 그리고 사물들의 차이를 그들의 이름을 통해 구분하는 과정도 포함된다.

☙. 제머나이가 지배하는 3번 하우스에 쎄턴이 있다면 어린 시절 학습의 장애가 있었을 가능성이 있다. 언어에 장애가 있었을 가능성이 있으며, 형제자매들이나 동급생 사이에서 자신의 의견이 쉽게 받아들여지지 않는 경험을 했을 수도 있다. 또한 공부환경이 힘들었을 수 있으며 형제나 지인들과 관계가 좋지 않았을 가능성이 있다. 따라서 어려서부터 '삶은 고통이다'라는 인식을 가지고 성장했을 가능성이 있다.

☙. 제머나이는 위트와 끊임없는 흥밋거리 제공으로 주변에 많은 사람들이 따를 수 있다. 그러나 이들의 정보는 머리의 차원에서 벗어나

지 못하기 때문에 다른 사람의 기분을 잘 이해하지 못할 수 있다. 또한 많은 사람들이 따른다고 하여도 진정한 친구를 찾기는 어려울 수도 있다.

♋. 제머나이는 폐를 의미하기도 한다. 제머나이는 생각이 많은 싸인으로서 신경이 부여하는 긴장감 때문에 체인스모킹으로 도피처를 택할 수 있다. 운에서 머큐리가 우레너스와 트리거 될 때 특히 폐와 호흡기 건강에 주의해야 한다.

♋. 제머나이는 많은 생각을 하지만 현실화시키지 못하는 경우가 많다. 이것은 제머나이의 번잡한 성격과 다양한 관심사 그리고 한 가지에 오래 집중할 수 없는 성격 때문이다.

♋. 형제, 자매나 어렸을 적 친구나 동네 친구 특히 배꼽 친구는 제머나이의 소관이다. 여행을 통해 만나는 친구 역시 제머나이이다. 제머나이를 카피캣이라고도 부르는 이유는 이들이 쌍둥이처럼 또는 원숭이처럼 남의 흉내를 잘 내기 때문이다. 제머나이는 형제와 자매 또는 지인을 의미한다. 특히 배꼽 친구에 비유되는 어린 시절의 친구나 청소년 시절의 동급생을 의미하기도 한다.

♋. 제머나이는 연인과 많은 대화를 나누고 퀴즈게임이나 보드게임 등을 즐긴다. 또한 전화통화로 대화를 즐기기도 한다. 특히 한 꽃에 오래 머무르지 않는 나비처럼 자극과 흥미를 끄는 성향은 이들은 상대와 오랜 인연을 맺기보다 시시덕거리는 것을 즐기는 성향으로 드

러나기도 한다. 이들의 이러한 가벼운 측면은 상대와 감정적으로 연루되기 싫어하는 이 싸인의 기질 때문에 나타나는 현상이기도 하다.

♋. 제머나이는 논리와 이성을 너무 중시한 나머지 감정이 유리되고 기계적인 존재처럼 보일 수도 있으며 때로는 말로 다 하려는 태도는 경박한 느낌을 준다.

♋. 제머나이는 숲보다 나무를 먼저 본다. 숲보다 나무를 보는 쎄지테리어스와는 정 반대적 성향이다. 쎄지테리어스는 숲을 먼저 보는데, 이것은 큰 그림을 먼저 보는 쎄지테리어와 작은 그림에서 시작해서 큰 그림으로 엮어가는 특징을 나무와 숲에 비유해서 말한 것이다.

§ 4. 캔서(Cancer)

6월 21일 ~ 7월 22일

♋ 키워드 (Rulership:도마사일 ☾/익졸테이션 ♃, ♆)

돌봄, 어머니, 가정, 공감 능력, 기억, 과거를 추억하는, 부동산, 감정, 은거, 안전, 변덕, 비밀이 있는, 수용성 있는, 대중, 사무실, 극장, 조심스러운, 집착하는, 집요한, 기억력이 뛰어난, 과거의 상처를 잊지 않는, 한번 들은 것을 절대 잊어버리지 않는, 젠틀한, 깊이 있는, 풍요로운, 수구지심, 구식의, 상상력이 풍부한, 애정이 풍부한, 동정심이 많은, 로맨틱한, 충성스러운 마음이 있는, 헌신하는, 인내심 있는, 끈기 있는, 소유욕 있는, 우울한, 비판적인, 자기연민의, 애처럼 징징거리는, 아이 같은, 수용성 있는, 집착성 중독, 직관, 골동품 판매상, 가슴, 위장, 집을 잊지 않는, 문학적 감수성이 뛰어난, 섬세한, 연약한, 외유내강의, 감정이 요동치는, 지속성이 부족한, 수동적인, 게으른, 단정치 못한, 가슴, 장, 자궁, 보호하는, 돌아서 갈 줄 아는, 직접적으로 행동하지 않는, 동성애, 심리적 스폰지, 청각적인, 탯줄, 유전, 생식력, 감정적 불안정, 무의식의, 느낌과 생각을 구분하기 어려운, 주변의 상황에 영향받기 쉬운, 집을 사랑하는, 자신을 보호하려고 하는, 겸손하지만 내면에서는 타인의 존경을 바라는, 가족, 고향을 추억하는, 사람을 가까이하는데 시간이 걸리는, 타인의 의도를 직관적으로 파악하는, 자신의 의도를 직접적으로 밝히지 않는, 사기성 있는, 직접적으로 공격하지 않는, 내면이 반영된 개인의 진정한 모습, 상처받은 것을 절대로 잊지 않는, 인생의 마지막, 존재의 근원, 술, 호텔이나 여인숙, 대중, 소문, 인종적이고 민족적인 기원, 국가, 아가, 어린아이(0세부터 약 7, 8세까지), 아이가 부모로서 기억하는 엄마, 일을 끝내는 방식, 우리가 가장 깊은 내면에서 필요로 하는 것과 느낌, 타인을 챙겨주고 돌봐주려는, 감수성이 풍부한, 예민한, 상처받기 쉬운, 작가, 시인, 미술가, 다른 사람의 기분을 흡수하는, 돈에 대한 계산이 빠른, 현명하게 투자하는, 대중의 인정을 바라는, 소중히 여기는 마음이 있는, 뿌리를 내리려고 하는, 마음 깊숙한 내면의, 무의식

♋. 캔서는 엄마를 의미하는 동시에 아이를 의미한다. 아직 엄마의 배 안에 성장 중인 아기는 엄마의 탯줄을 통해서 엄마가 먹는 음식의 영양분을 주입 받는다. 따라서 이 시기의 아이와 엄마를 하나로 본다. 또한 아이가 태어나서 비록 탯줄이 끊어졌다고 하여도, 말을 시작하고 7, 8세까지의 아이들의 생각은 엄마의 생각과 거의 일치한다. 따라서 자녀를 보면 아이의 엄마가 어떤 사람인지를 알 수 있다는 말도 여기서 나오는 것이다.

♋. 캔서의 상징인 게를 통해서 우리는 캔서가 어머니와 가정 또는 집, 그리고 보호와 아이들을 의미한다는 것을 알 수 있다. 게는 집을 이고 다닌다. 캔서 어머니는 밖에 있어도 항상 집과 자녀들을 걱정하는 것이 마치 집을 이고 다니는 캔서(게)처럼 느껴지기도 한다. 이들은 때로 자녀에 대한 지나친 보호 본능을 표현한다.

♋. 캔서는 기억을 의미한다. 기억은 과거를 의미하고, 과거는 인간의 무의식 속에 침잠한다. 기억과 과거 그리고 무의식은 모두 물의 소산이다. 어린아이 때 엄마에게서 경험한 여성적 자아는 개인이 성장해서 만나는 여성들에게 큰 영향을 준다. 아이로서 엄마에게 충분한 애정과 케어를 받고 자란 아이는 성장해서도 여성을 긍정적인 시선으로 바라본다.

♋. 인간은 물에서 태어나서 물에서 죽는다는 탈레스의 말처럼, 물 에너지를 근간으로 하는 캔서는 생명의 시작(아가)을 의미하는 동시에 인생의 끝 즉 죽음을 의미한다.

♋. 캔서의 물 에너지는 캔서를 민감하고 감정적으로 만들기도 한다. 그는 주변 환경에 영향을 주고, 또한 큰 영향을 받는다. 스펀지처럼 주변 상황을 빨아들이는 그는 한 번 본 것이나 들은 것을 잘 잊어버리지 않는다. 특히 상처받은 기억에 대해서 절대 잊지 않는다.

♋. 캔서는 말하기보다 타인의 이야기를 들어주는데 더 재능이 있다. 캔서는 타인의 기분과 감정을 잘 이해하며 뛰어난 공감 능력을 지녔다. 이러한 공감 능력은 캔서를 사회적 인간으로 만든다.

♋. 캔서는 타인을 양육하고 보살피려는 풍요로운 마음을 지녔다. 그러나 캔서는 자신이 타인을 양육한 만큼 다시 그에게 양육과 보살핌을 돌려받기 원하는 측면이 있다. 이것은 캔서가 안전을 중시하고 물 기운이 부여한 집착의 기질을 가지고 있기 때문이다. 마치 많은 자녀를 낳고 키운 어머니가 성장한 자녀들에게 다시 케어를 받는 것과 비슷한 원리이다.

♋. 캔서는 따뜻하고 이해심이 깊다. 자신이 변화무쌍한 감정을 갖는 만큼 타인의 출렁거리는 감정을 이해하는 능력이 뛰어나다.

♋. 캔서의 룰러인 달이 바다의 조수간만을 일으켜서 바다를 들썩이게 하듯이 캔서는 감정에 의해서 요동칠 때가 많다. 이것은 캔서를 변덕스럽고 변하기 쉬운 존재로 보이게 한다. 이럴 때 캔서에게 이성적으로 다가갈 생각을 해서는 안 된다. 캔서의 감정이 가라앉을 때 까지 기다린다면 캔서는 자신의 카디널 감각을 되찾아서 그의 전략가적인

면모를 보여준다. 모든 어머니는 전략가다!

♋. 캔서는 정적이며 타인을 보살피는 능력을 가졌다. 그래서 어머니의 싸인이기도 하다. 자신이 케어해줄 수 있고 자신도 케어받을 수 있는 연인을 선호한다. 또한 자신의 변화무쌍한 감정에 안정감을 주고 따뜻한 울타리를 만들어줄 수 있는 사람을 선호한다. 이들의 자신의 케어에 대해 직접적으로 감사를 표하기를 원하지는 않는다. 그러나 만일 상대가 무례하고 감사하는 마음이 없다면 자신의 집게발로 상대를 물어버릴 수도 있다. 캔서의 연인은 연인이 밥은 잘 먹고 다니는지, 옷은 따뜻하게 입었는지, 밖에서 공격받고 다니는 건 아닌지 끝없이 걱정한다. 캔서의 연인은 기억력이 뛰어나고, 상대도 자신을 언제나 기억해주기를 기대한다. 이들은 기억력이 뛰어나고 특히 상처받은 일에 대해서는 영원히 기억한다. 이들에게 잘 어울리는 싸인은 토러스, 리오, 스콜피오, 케프리컨, 파이씨즈 들이다.

♋. 캔서는 엄마 싸인이다. 엄마가 있는 가정 역시 캔서이며, 가정은 아이들을 보호받고 제대로 성장할 수 있는 힘의 원천이다. 아이들에게 지나치게 심하게 야단치고 잦은 지적을 하는 엄마는 아이의 정서를 불안하게 만들지도 모른다. 결과적으로 사랑이 넘치는 가정을 만드는데 장애를 가지게 될지도 모른다. 캔서의 엄마는 뛰어난 전략가다. 이들은 돌려서 말하고 행동할 줄 알기 때문에 아이들의 감성을 보호하고 소통의 장을 마련할 수 있는 능력의 소유자다. 반면 캔서의 반대 싸인인 케프리컨의 아버지의 엄격하고 직선적이고 잘못에 대해서도 엄하게 대응한다.

♋. 점성학의 12싸인 중 가장 물질적인 싸인 두 개를 든다면 토러스와 캔서다. 토러스의 물질은 돈을 의미하는 반면 캔서는 부동산을 의미한다. 부동산업에 종사하는 사람들은 남성보다는 여성이 더 많다. 특히 자녀를 가진 어머니들은 부동산을 재테크 전략으로 많이 이용한다.

♋. 캔서의 물은 그에게 수용성을 부여하지만, 그의 카디날적인 운동성은 한 번 결심하면 절대 물러서지 않고 밀어붙이는 집요함을 부여했다. 이것은 게가 앞발로 물면 절대로 놓지 않는 것에도 비유되며, 위기상황에서 물불 가리지 않고 자식을 지키려는 어머니의 힘에도 비유할 수 있다. "여자는 약하지만 어머니는 강하다."

♋. 캔서는 풍부한 상상력의 소유자로서, 시인, 극작가 등의 직업이 가능하다. 그러나 의외로 정치인들 중에 캔서가 많은 이유는 그가 간접적으로 자신의 의지를 관철시킬 수 있는 힘을 지녔기 때문이다. 이것은 게가 옆으로 기어가는 모습에서 유추할 수 있다. 힘의 물결을 탈 줄 아는 기교를 가진 캔서는 강한 힘과 파워 그리고 능동적인 공격의 소유자인 에리즈보다 오히려 더 정치적일 수 있다.

♋. 캔서는 어린 시절의 추억을 잘 기억하는 편이다. 만일 어린 시절에 엄마로부터 받아야 할 충분한 케어를 누렸다면 그의 과거는 추억으로 남아서 어린 시절을 그리워할 것이다. 그러나 어린아이로서 받아야 할 충분한 케어를 받지 못했거나, 어린 시절 가정에서 감정적 유린이나 폭력에 노출된 아이들은 성인이 되어서도 그 기억을 잊지 못한다. 따라서 이들에게 어린 시절의 기억은 악몽이나 풀어야 할 트라우마로

남는다. 상처받은 기억은 이들을 괴롭히며 어린 시절에 자신을 힘들게 했던 사람들이나 다른 사람에게 자신의 한(恨)을 타인에게, 특히 여성에게 투사함으로써 자신과 타인 모두 고통을 받을 수도 있다.

♋. 캔서는 작게는 가정을 의미하지만, 한 개인의 뿌리인 조상을 의미하며 나아가서는 개인이 소속된 국가와 인종적 뿌리를 의미하기도 한다.

♋. 캔서는 정착하기를 원한다. 집은 그에게 중요한 공간이며 자신과 가족의 안정과 안전을 보장해주는 곳이다. 캔서의 사람들은 자신의 주변에 친밀한 사람들과의 관계를 소중하게 생각한다. 이들을 케어해주고 자신도 케어받으면서 무리를 이루고 사는 삶의 형태를 지향한다.

♋. 케프리컨의 아버지는 외강내유의 기질을, 어머니는 외유내강의 기질을 가짐으로써 서로를 보완하는 존재다.

♋. 물의 에너지를 가진 캔서는 타인의 의도를 직관적으로 파악하는 데 탁월한 능력을 지닌다. 이들은 주변 환경에 민감한 만큼 타인의 시선에 민감하고 한 번 들은 것은 잘 잊어버리지 않는다.

♋. 캔서 쎄턴인 사람들은 어릴 적 아이가 마땅히 받아야 할 어머니의 케어를 받지 못하고, 엄격한 가정에서 자랐을 가능성이 있다. 따라서 이들은 성장해서 자신의 감정을 표현하는 데 어려움을 느낀다. 이들의 문제는 가정을 이루고 자녀가 성장하면서 발생한다. 이들은 어

린아이였을 때, 자신 스스로 아이로서 마땅히 받아야 할 케어를 받아본 경험이 없기 때문에 자신이 부모가 되었을 때, 자녀를 어떻게 케어해 주어야 할지 잘 알지 못한다는 사실이다. 결국 이들에게는 가정이 편안하고 안전한 공간이 아니라 자신을 더 외롭게 만드는 공간이 될 수 있다. 이들은 대체로 냉정하고 차가운 감성의 소유자처럼 보이기도 한다. 이들은 가정의 생계를 위해 최선을 다해서 일하지만, 갑자기 자녀가 문제를 일으키면 마치 돌벽에 부딪힌 듯 방향감각을 상실할 수 있다. 갑작스럽게 자녀와의 대화를 시도해 봐도 자녀는 이미 부모에게 마음을 닫아버린 경우도 있으며, 거듭 대화를 시도해도 결국 아이에게 마땅한 부모로서의 롤 모델을 제시해주지 못하는 자신의 무능력에 아이에게 버럭 화를 내고 대화를 끝내버릴 수도 있다. 결국 아이들과의 소통을 시도하면 할수록 이들의 가슴에 돌덩이가 자꾸 쌓이는 느낌에 막막할 수도 있다. 이들은 어렸을 때 부모가 자신의 고민을 들어주거나 잘 보살펴주었던 경험이 없는 경우가 많다. 따라서 자신도 자녀에게 어떻게 해야 할 바를 모르는 것이다. 이들은 때때로 자녀에 대한 책임감을 다하고 있지 못하다는 죄책감으로 괴로움을 마음으로 삭인다.

♋. 캔서는 자기 보호 본능이 아주 강한 싸인이다. 타인의 공격에 대해 바로 머리를 몸속으로 집어넣는 게처럼, 캔서는 어려운 상황에서 자신의 집이나 집에 상응하는 공간으로 퇴거하는 경향이 있다.

♋. 캔서는 자신의 내면 깊숙한 곳에서 가장 필요로 하는 느낌을 통해서 사물이나 상황을 바라본다. 이들의 이러한 감각은 어린 시절에

자신을 보살펴준 어머니로부터 익힌 일종의 습관이고 성장하면서 이들의 인성을 형성하는 중요한 부분으로 작용한다.

♋. 캔서는 타인의 의도를 직관적으로 파악한다.

♋. 물의 기질은 캔서를 꿈꾸게 하고, 풍요로운 상상력을 부여한다.

♋. 캔서는 대중을 의미하기도 한다. 이것은 우주적인 관점에서 태양을 왕으로 그리고 달을 백성으로 보기 때문이다. 백성은 대중이고 대중은 소문의 근원지다. 대중은 한 번 들은 말을 잘 잊지 않으며 이것은 가십이나 소문이 되어 온 세상에 퍼지기도 한다. 소문은 음모의 근원지로서, 전략가들은 때로 이러한 대중들과 소문의 상호작용을 이용하여 자신의 책략을 성공으로 이끌기도 한다.

♋. 물 싸인인 캔서는 인체 내의 모든 액체 특히 호르몬을 의미한다. 달밤에 마시는 술은 캔서의 영역이고 술은 사람들을 꿈과 몽상의 세계로 이끌어주기도 하지만 중독에 빠지게도 한다.

♋. 달과 바다의 조수간만의 강한 영향을 받는 캔서는 시시때때로 변하고 감정의 변화가 심하다. 서양에서는 달에 많은 의미를 부여하기도 한다. 특히 한국의 전설의 고향과 같은 호러 드라마나 많은 서양의 고전공포영화 속에서는 보름달이 뜬 밤에 늑대의 울음소리를 오버랩함으로써 달밤에 사건 사고가 많이 일어난다는 암시를 보여주기도 한다.

♋. 캔서는 운동을 좋아하지 않는다. 나이가 들어서 뚱뚱해질 가능성이 있다. 특히 룰러인 달과 쥬피터가 합각을 이룬다면 비만을 조심해야 한다.

♋. 캔서는 남성에게는 힘든 싸인이다. 왜냐하면 캔서는 12싸인 중 가장 여성적인 싸인이기 때문이다.

♋. 캔서의 직업 운은 어떨까? 캔서의 상상력과 대중의 힘을 활용하면 그는 광고기획자로서의 역량을 발휘하게 한다. 캔서는 시인이나 극작가, 정치가, 요리사, 드라마작가, 어린이집교사, 가족치료사, 부동산 오너, 간호사, 웨이터, 레스토랑 오너, 영양사, 수영강사, 생활가이드, 각종 물 관련 직업, 여관주인, 호텔주인, 토지주인, 가정부, 역사가, 박물관 사서, 세탁소 직원, 하녀 등의 직업을 가진다.

♋. 이들은 청각이 예민하기 때문에 시청각 수업을 통해 학교과정을 복습하면 도움이 된다. 뛰어난 감수성과 꿈꾸는 능력과 풍부한 상상력은 학창시절부터 소설가나 만화작가로서 능력을 보일 수 있다. 보육관련학과 쪽으로 전공을 선택할 수 있다. 또한 부동산학과도 캔서에게 좋은 진로이다. 전략가이기도 한 이들은 정치외교과를 지망할 수도 있다. 심리변화에 조예가 깊기 때문에 심리학과나 아동심리학과를 지원할 수도 있다. 뿐만 아니라 호텔 경영학과나 관광경영학과 또는 TV 탤런트나 드라마작가 또는 비서학과, 목욕 전문 관리사, 요리 전문학과 등의 전공도 이들의 영역이다.

♋. 캔서는 칭찬과 비난에 민감하다. 비난에 쉽게 상처받고 기억력 좋기 때문에 잘 잊는 법이 없다. 그러나 이들은 자신이 사랑하는 존재에 대해서 인내와 끈기를 가지고 헌신적으로 보살핀다.

♋. 캔서는 겉으로는 겸손한 모습을 하고 있을지 모르지만, 내면에서는 상대의 존경을 바란다. 캔서의 깊은 내면은 상대의 예의 바른 태도와 존경에서 안정감을 느낀다. 캔서의 감정은 아이와 같이 연약하고 상처받기 쉽다.

♋. 캔서는 사랑하는 사람이나 물건 또는 추억에 대해 집착한다.

♋. 캔서는 상대가 안전을 보장해준다면 그를 케어해주고 보살펴 줄 수 있다.

♋. 캔서는 상대에게 노우라고 직접적으로 이야기하지 않는 성향이 있다. 이들은 격렬하게 거절의 표시를 하지는 않는다. 따라서 상대의 불쾌감을 자아내는 일은 없지만, 부드러움이나 머뭇거림을 승낙의 의미로 받아들인다면 곤란을 겪을 수도 있다.

♋. 캔서에게 가족은 중요한 의미이다. 천궁도에서 캔서에 많은 행성이 모이는 시기에 이들은 자신의 집으로 다시 돌아가기도 한다. 캔서는 고향을 영원히 기억하며, 어머니를 사랑했던 사랑하지 않았던 어머니에 대한 기억이 인생에 중요한 부분을 차지한다.

♋. 캔서는 거대한 파도에 이리 휩쓸리고 저리 휩쓸리면서 받은 많은 상처는 오히려 캔서에게 고난에 대처하는 강인함을 준다. 그의 변화무쌍한 성격은 마치 파도를 타는 써퍼처럼 고난에 대하여 융통성 있게 대처한다. 그러나 만일 너무 지나친 공격을 받는다면, 마치 게가 껍질 속으로 머리를 숨겨버리듯이 이들은 자신의 집으로 돌아가서 은거하는 경향이 있다. 집은 이들이 자신의 원천인 무의식의 세계로 편안하게 빠져들어 갈 수 있는 장소이다.

♋. 캔서는 퇴거와 은거 또는 은퇴의 의미가 있다. 강한 캔서들은 고난이 닥칠 때 마치 잠적하듯이 집으로 은거하는 경향이 있다. 거대한 바다와의 사투로 받은 많은 고통은 그로 하여금 더 깊은 무의식으로 들어가게 하며, 집은 그를 무의식 속으로 깊이 빠져들게 하는 공간이다.

♋. 가정의 예술가인 어머니는 캔서의 룰러인 달로서 표현된다. 그녀는 변화무쌍한 감정과 수용성을 가지고 자신을 케어하는 동시에 자녀를 케어하는 가정의 여왕이며, 아이를 인간으로서 성장시키는 생명의 예술가다.

♋. 캔서는 인생의 시작이자 인생의 끝을 의미한다. 서양의 철학자 탈레스는 물을 생명의 시작이자 끝으로 정의한 바 있다. 캔서의 룰러인 달은 광기(lunatic)를 의미하기도 하는데, 광기는 예술가들의 한 측면이고 그 풍부한 상상력과 친구인 비너스로부터 부여받은 예술성은 또한 더욱더 아티스트로 만든다. 예술가들의 한 측면으로서 광기는

로뎅의 연인이기도 했던 까미유 끌로델[4]과 같은 천재적인 예술가들을 광기의 생으로 마감시키기도 했다.

♋. 직진하지 않고 돌아서 가는 캔서의 기질과 카디널의 성질은 그에게 탁월한 전략가로서의 기질을 발휘하게 한다. 이들은 에리즈처럼 선봉에 서서 정면승부를 걸지 않고 돌아서 가는 방법을 선택함으로써 극단적인 승패를 만들지 않는다. 따라서 에리즈처럼 쓸데없는 적을 만들지 않는다. 그러나 캔서 자신은 달의 성질에 의해서 비밀을 잘 다루며 공격해야 할 때와 숨어야 할 때를 알며 반드시 해내고야 마는 집요함을 선보인다. 이들은 내유외강의 모습을 갖춘 사람들이다.

♋. 캔서의 가정은 그의 성이다. 그의 집은 캔서에게 생명의 근원이고 원천으로써 캔서는 어디서나 집과 고향을 그리워하며, 수구지심의 마음을 갖는다.

---

4) 카미유 크로델은 천재성을 지닌 예술가로서 조각가 로델의 조수이자 연인으로 알려져 있다.

§ 5. 리오(Leo)

7월 23일 ~ 8월 22일

> ♌ 키워드 (Rulership:도마사일 ☉/익졸테이션 ♇)
>
> 왕, 자녀, 아이, 용기, 아버지, 왕, 불의 심장을 가진, 지배권, 주권, 머리, 심장, 자존감, 자부심, 셀프, 에고, 자긍심, 힘, 관대한, 즐거움과 재미를 사랑하는, 아이 같은, 문방구 경영자, 사장, 자신감, 충성스러운, 언제나 중심이 되고 싶어 하는, 연애하면 힘이 나는, 빛나야만 하는, 주인공이 되고자 하는, 과장과 허풍이 심한, 사랑을 통해서 빛을 얻는, 자신에 대한 원대한 사랑, 연극적인, 현실보다 너무 거대한, 권위, 존엄성, 자기를 존중하는, 고귀함, 직선적인, 진실을 드러내는, 권위에 대한 불충을 용납하지 않는, 떠받들어주는 것을 좋아하는, 인정받기를 원하는, 드러내고 싶은, 화려한, 거짓을 용납하지 않는, 이성의, 배우, 감독, 의

존할 수 있는, 전체를 파악하는, 언제나 자신의 존재감을 드러내고 싶어 하는, 존경심을 요구하는, 자신의 힘을 절대로 나눠주지 않는, 벌거벗은 임금님, 드라마를 즐기는, 연애의 짜릿함을 창조성으로 승화시키는, 연애가 주는 즐거움을 즐기는, 거대한, 웅장한, 실물보다 큰, 모든 것을 열정적으로 느끼는, 가슴에 정열이 넘치는, 사랑하면 모든 것을 주는, 창조적인, 아이들과의 놀이를 즐기는, 아이처럼 행복하고 에너지가 넘치는, 도박과 게임을 즐기는, 천부적인 투자가, 생산성을 가진, 놀이를 즐기는, 돈 버는 일보다 즐기는 일을 선택하는, 한 번 애정을 주면 충실한, 즐기는 일을 통해서 물질을 벌어들이는, 강요나 협박에 의해서 움직이지 않는, 자신의 역사를 창조하는, 자신의 근원을 찾아야 하는 운명을 타고난, 자신이 좋아하는 것에 대해서는 매우 도량이 넓은, 너무 밀어붙이면 완고함을 보이는, 연인에 대해 로맨틱한, 드라마 같은 애정 공세를 하는, 관대한, 관심의 중심이 되려고 하는, 식사비를 모두 내려고 하는, 타고난 지도자의, 재미와 즐거움을 사랑하는, 삶을 즐기는, 유머를 사랑하는, 아이들의 세계를 이해하는, 주의 깊은, 자신의 운명을 스스로 통제하려고 하는, 의식의 중심, 내면 아이, 내면으로부터 창조성이 뿜어 나오는, 영향력 있는 인물이 되고자 하는, 스포츠와 리크리에이션을 즐기는, 연애를 좋아하는, 평범하고 단조롭고 지겨운 것을 좋아하지 않는, 뭐든지 큼직큼직하게 행동하는, 손님 대접을 풍성하게 하는, 연인과 아이를 자신의 창조품처럼 생각하는, 화려함과 사치를 즐기는, 거절당하면 분노하는, 연인이 상처 주면 고통스러워하는, 두려움이 없는, 가만히 있어도 존재감이 드러나는, 조명을 받는 것을 즐기는, 배신은 용서하지 않는, 긍정적인, 건장한, 자잘한 것에 신경 쓰는 행위에 분노하는, 작은 것들에 관심을 기울이지 않는, 새로운 생각과 사고를 환영하는, 표현력이 뛰어난, 재밌는 일이 없으면 스스로 창조하는, 자신만의 태양을 찾아야 하는, 삶의 근원적 목표를 추구하는, 허영심이 있는, 항상 관객이 필요한, 화려한 삶을 추구하는, 자신에게 헌신적인, 재기와 생기 넘치는 화자, 만능 엔터테이너, 자존심, 성마른, 심장, 사람을 끌어당기는, 자력적인 매력을 지닌, 눈부신, 카지노, 왕자, 화려한, 정해진 일과를 좋아하지 않는, 척추, 창조적이지 못한 행위에 분노하는, 거만한, 오만한, 고압적인, 잘난 척하는, 지배하려고 하는, 허세를 부리는, 내면이 연약한, 주목받지 못하면 분노하는, 관객이 없으면 참지 못하는, 자신이 원하는 것을 해야만 하는, 사치스럽게 소비하는, 존경받는다면 쉽게 용서하고 앙심을 품지 않는, 생기의 근원인, 칭찬과 존경, 창의력을 현실화시킬 수 있는, 쇼, 비쥬얼 아트

♌. 리오는 로맨틱한 왕이다. 그는 따뜻한 심장인 태양과 불의 에너지로 모든 사람들에게 빛을 뿌려준다. 마치 태양이 자신의 빛을 누구에게나 가리지 않고 뿌려주듯이, 리오는 모든 사람에게 관대하다. 특히 그는 자신에게 충성을 보이거나 자신을 좋아하는 사람에게 더 관대한 특성이 있다.

♌. 리오는 여럿이 함께 일하는 타입이다. 리오는 주로 명령을 내린다. 문제는 이것을 사람들이 좋아하느냐 싫어하느냐에 있다. 그러나 리오는 유머 감각이 있고 유쾌하기 때문에 사람들은 그의 명령하는 태도를 싫어하지 않는다. 리오는 재미를 좋아하고, 스케일이 크다. 리오는 아이처럼 자신감이 넘친다. 리오의 거대함은 그가 과하게 즐기게 하고, 사람과 함께 마신 술값을 자신이 모두 내기도 한다. 이러한 이유로 사람들은 리오를 좋아할 수밖에 없다.

♌. 리오의 따뜻함에 너무 가까이 다가가면 타버릴 수도 있다. 점성학에서 리오의 룰러인 태양에 너무 가까이 위치(3도 이내)한 행성을 컴버스트(combustion)라고 한다. 로맨틱한 리오가 사랑하는 비너스조차도 태양과 컴버스트 되어있다면, 리오의 뜨거운 태양에 의해서 타버릴 것이다.

♌. 점성학에서 가장 뛰어난 사랑의 여신이 있다면 그것은 리오의 비너스일 것이다. 이들은 연인에게 결코 자신의 심장을 내주지 않으면서 상대의 심장을 온통 두근거리게도 할 수 있고, 완전히 낙담에 빠지게 할 수도 있다. 이들은 연애의 드라마를 즐기고 드라마틱한 연애를

하는 사랑의 마법사로서 연인의 심장을 쥐었다 놨다 할 수 있는 타고난 연기자다. 실제로 많은 셀러브러티로 위시되는 영화배우들이 리오 싸인에 비너스를 가지고 있기도 하다.

♌. 타고난 연기자인 리오 비너스는 눈을 뗄 수 없는 매력의 소유자로서 사랑과 애정이 넘치는 사람들이다. 이들은 아이들을 사랑하며 마치 서커스에서 미녀가 사자를 다루듯이 아이들을 잘 다룬다.

♌. 리오는 로맨틱하고 관대하며 통이 크다. 그의 모든 말투나 행동은 무대 위의 배우처럼 크고 과장됐다. 이들은 화려한 것을 좋아하는 것만큼 빛나고 싶어 한다. 두 팔을 활짝 벌려 상대를 안아주는 액션은 리오들이 즐겨 취하는 태도이다. 그는 천성적으로 화려하고 반짝이는 것들을 좋아한다. 그는 아름답고 화려한 것을 사랑하며, 재미있는 것은 특히 더 사랑한다. 리오의 이러한 기질은 과거에 왕들이 항상 자신의 곁에 광대를 두고 그의 풍자가 담긴 연기를 사랑했던 것을 보아도 알 수 있다.

♌. 리오가 광대를 사랑할 수 있는 것은 광대가 풍자와 위트 그리고 재미와 해학(諧謔)을 주는 존재였을 뿐만이 아니라, 그가 자신의 자리를 위협하는 존재가 아니기 때문이기도 했을 것이다. 또한 어쩌면 궁전에서 일생을 보내야 하는 왕으로서 하늘과 가까운 줄 위에서 자유롭게 뜀뛰기와 놀이를 하는 광대의 대자유가 부러운 것일지도 모른다. 점성술에서 5번 하우스를 차지하는 리오와 그 대립되는 존재인 어퀘리어스 즉 광대는 매우 대극적인 존재이지만, 어떤 점에서는 친

밀한 관계를 맺고 있음을 알 수 있다.

❦. 사랑에 빠진 두 남녀는 세상이라는 무대의 중심이 된다. 사랑에 빠진 리오는 가장 빛나고, 사랑이 끝나면 이들의 태양은 물에 잠겨버린 것처럼 세상도 끝나버린다. 그는 타고난 연애꾼으로서 연애가 주는 드라마틱한 감성을 즐기는 사랑꾼이다. 어두운 밤, 그는 연인에게 태양처럼 환한 조명이 켜진 놀이공원을 통째로 빌려 둘만의 왕국을 만들어줄 수 있는 사람이다. 조명은 리오의 태양이기도 하다. 리오는 연애가 주는 풍부한 상상력과 너그러운 마음과 어쩌면 모두 연극일지 모르는 고양된 기분을 즐긴다. 이들은 연인의 생일을 진심으로 또는 과장되게 축하해서 상대에게 기쁨을 선사한다. 너무 현실적인 싸인들은 리오와 함께하기 어렵다. 현실보다 현실을 더 깊이 꿰뚫어 보는 스콜피오는 리오를 철없는 아이로 볼 수도 있다. 리오는 연극적이고, 과장되며, 연인과 댄스를 즐기고 싶은 사람들이다. 리오는 상대를 사랑하면 그에게 모든 것을 주기도 한다. 그러나 믿음을 잃는다면 최고로 냉정해질 수도 있다.

❦. 아이가 없는 노부부들은 갑자기 아이가 생기면 삶에 활력을 가지게 된다. 우울하던 집안은 밝은 조명을 단 것처럼 들뜬 분위기로 가득 찬다. 노부부는 자신들의 늙어버린 모습도 어느새 잊어버리고 아이를 태양처럼 떠받들고 아이는 이 집안의 왕이 된다. 부부의 늙어버린 얼굴에는 어느새 생기가 돌고 아이를 키우면서 겪게 되는 노고도 이들 부부에게는 새로운 모험처럼 재밌고 신기하여 오랜만에 살아있는 듯 생기로 가득 찬다. 새로 태어난 아이로 인해 경험하게 되는 매일은 이

들에게 새로운 도전이자 모험이다.

♌. 자신의 천궁도에 태양과 쎄턴의 스퀘어(Square)를 가진 사람들은 권력에 대한 인식에 문제를 가지게 될지도 모른다. 이들은 어린 시절 아버지와 통제에 대한 문제로 갈등을 겪었을 가능성이 있고, 결과적으로 성취를 향한 강한 추진력을 가지게 된다.[5]

♌. 리오 싸인에 힘이 없거나 흉각으로 많이 연결된 경우 명령하기를 좋아하고 지나치게 고압적일 수 있으며, 직언에 대해서 심하게 삐져서 상대에게 흉폭하게 굴 수도 있다.

♌. 리오는 스스로 아버지이지만 또한 내면 아이로서 자신의 내면 자아, 더 나아가서는 근원적인 자아를 찾아야 하는 운명적 소임이 있다. 여성의 차트에서 태양은 일반적으로 남성, 또는 남편이나 아버지를 의미한다. 그러나 여성의 사회진출이 많아진 현대에 태양은 개인의 근원적 목표라는 의미로도 봐주어야 한다.

♌. 리오는 자신의 목표를 달성하려는 강한 의지를 보인다. 이들은 자신이 본능적으로 어떤 목표를 이루어야 한다는 강한 신념이 있으며, 자신이 근원적으로 가진 목표를 절대 잊지 않는다. 리오들의 마치 동화 벌거벗은 임금님에서의 왕처럼 자신의 힘을 확인하기 위해서 사람들에게 인정과 찬사를 받으려는 경향이 있다. 그러나 리오의 진

---

5) 서양 예측 점성술의 기예(The art of predictive astrology/ 캐롤 러쉬맨 저. 로즈 임 지혜 역) 참조

정한 힘은 스스로 자신을 확신하는 점에서 나온다. 강하고 뜨거운 심장은 리오가 가져야 할 가장 중요한 요소 중 하나이다.

☙. 진정한 태양의 힘을 얻기 위해서는 리오는 아주 고되고 천한 일마저도 해내야 할 지도 모른다. 진정한 왕이란 강한 힘을 가져야 하는 것은 물론이지만 정말 미천하게 여겨지는 사람의 언행 속에서도 그들의 진정한 의도를 이해할 수 있는 아량과 심성을 갖추어야 하기 때문이다.

☙. 리오는 강한 힘을 가진 자이자 강력한 지혜를 가진 자이다. 그들의 지성과 강력한 힘은 태양처럼 뜨겁고 너무 밝아서 모든 거짓을 드러낸다.

☙. 점성학의 12싸인 중 아버지를 나타내는 두 가지의 싸인이 있다면 그들은 케프리컨과 리오다. 케프리컨이 자수성가형의 아버지로서 엄격함과 과묵함의 소유자라면, 리오는 즐거움과 기쁨을 통해서 삶을 고양하고자 하는 창의적인 아버지다.

☙. 리오는 머리와 심장을 의미한다.

☙. 리오가 가질 수 있는 직업들은 다음과 같다. 사장, 엔터테이너, 세일즈맨, 왕, 문방구 경영자, 동료들에게 비전을 제시하는 노동자, 서커스 공연자, 도박자, 정치인, 판매직업, 집행자, 연극 및 영화배우, 연극 및 영화감독, 관리자, 어린아이와 관련된 모든 직업들, 마술사, 매

니저, 프로게이머, 갬블러, 투자가, 정부 직원, 관세 징수원, 세관원, 유치원 교사, 투기꾼, 스포츠선수, 선생, 모델, 각종 조명받는 직업, 놀이공원 오너 등이다.

☙. 리오는 사장으로서 많은 사람들과의 식사 후 절대 신발 끈을 매지 않는다. 그는 모임 후 함께한 모든 사람들의 식사 대를 다 지불하거나 골든벨을 울리기도 한다.

☙. 노래방 탁자 위에 올라가서 갖은 포즈를 잡으면서 노래하는 사람이 있다면 그는 리오일 가능성이 많다. 리오는 조명받기를 좋아하며 무대의 중심이 되기를 원한다.

☙. 리오는 화려하다. 리오는 카드 잔고가 바닥나도 남은 돈으로 화려한 옷 한 벌을 사는 사람들이다. 화려함과 사치는 리오에게 힘을 준다. 흙 싸인이 강한 사람들은 리오의 이런 행위를 철없게 볼 수도 있다. 리오는 사실 철이 없을 수도 있다. 왜냐하면 그는 왕인 동시에 어린아이이기 때문이다.

☙. 리오는 내면 아이를 의미하기도 한다. 태어날 때부터 왕이었던 리오는 금수저로서 자신에 대한 강한 믿음과 자부심 그리고 강력한 자존감을 드러낸다.

☙. 리오는 드러내고 주목받는 것을 좋아한다. 연애는 리오의 창조성에 불을 붙이고, 그는 사람들의 관심을 즐긴다. 만일 누군가가 환한

대낮에 사람들의 시선을 의식하지 않고 연인과 대담한 포즈를 취하고 있다면 그는 리오일 가능성이 많다. 쇼맨십의 왕인 리오의 연인들은 태양을 조명으로 삼고, 지나가는 사람들을 관객으로 삼아 자신들만의 공연을 하고 있을지도 모른다.

♌. 더 이상 왕의 존재가 일반적이지 않은 현대에 리오의 행동은 지나치게 과장되게 보일 수 있다. 리오는 타고난 스케일의 소유자이기 때문이다.

♌. 리오는 도박과 갬블이 주는 즐거움과 스릴을 즐긴다. 또한 리오는 투자에도 능한데, 이것은 그가 돈으로 자신의 즐거움을 만족시키는 방식 중 하나이다.

♌. 리오에게 타인의 관심은 매우 중요하다. 이것은 백성이 없는 왕국은 존재의미가 약해지는 것과도 그 맥을 같이한다.

♌. 리오는 스스로의 운명을 자기가 결정하고 통제하기를 원한다. 태양의 운명이 다른 행성에 의해서 좌지우지되지 않는 것처럼 말이다.

♌. 리오 쎄턴은 심장과 관련된 질환으로 어려움을 겪을 수 있다. 즐거움을 통제하거나 자신에 대한 확신이 부족할 수 있다.

♌. 리오는 자신을 따르는 사람들에게 매우 관대하고 충실하다.

♌. 리오는 사랑을 중요하게 생각한다. 창밖에서 연인을 위한 세레나데를 부르거나, 놀이공원을 통째로 빌려서 연인을 위한 생일파티를 해주는 사람은 리오일 가능성이 있다. 연인은 리오 자신의 확장된 모습이기도 하기 때문에, 리오는 연인에게 넘치는 애정과 드라마틱한 사랑을 표현한다. 만약 연인이 자신을 거절한다면 그는 크게 상처를 받을 수 있다.

♌. 리오는 자신의 창의력을 충분히 현실화시킬 수 있는 사람들이다. 이들은 즐거움을 통해서 물질을 얻기를 원한다. 프로겜블러나 프로게이머들은 리오일 가능성이 있다.

♌. 리오는 상대를 쉽게 용서하는 편이다. 그러나 상대가 자신에게 존경심을 보이지 않는다면 용서하지 않을 수도 있다. 그는 기본적으로 상대가 자신을 존경하기 바라기 때문이다.

♌. 리오는 돈을 함부로 쓰기도 한다. 그는 소비에 대한 관념이 떨어지고 다른 사람의 몫까지 자신이 지불하려는 경향이 있는데 이것은 그가 돈을 낼 때 타인이 즐거워하는 모습을 즐기기 때문이고, 거하게 행동하는 것을 좋아하며, 타인의 주목을 받는 것을 좋아하기 때문이다.

♌. 리오는 언제나 자신이 머무는 곳에서 주인공이 되기를 원한다. 만일 많은 사람이 모여 있는 곳에 켜진 TV 때문에 자신이 주목을 받지 못한다면 기분이 좋지 않을 사람들이 리오다.

♌. 70년대에 무스와 스프레이로 높이 올려 멋을 낸 머리는 리오의 전형적인 모습이다. 이것은 사자 갈기를 연상시키기도 한다. 사자가 암사자에게 자신을 뽐내거나 자신의 힘을 과시하고 싶을 때 취하는 이러한 행동은 리오가 연인을 만날 때 높게 치켜세운 바바리코트의 칼라와도 비슷하다.

♌. 타고난 왕이 지닌 모습처럼 고귀함은 리오의 한 측면이다.

♌. 리오가 재미와 즐거움을 추구하고 자신의 유머러스한 모습을 즐기기도 한다. 리오에게 재미있고 독특하게 행동하는 것만큼 이들의 관심을 끌 수 있는 방법은 없다.

♌. 리오의 연인에게 문화이벤트, 새로 오픈된 아트 갤러리, 야외극장, 새로운 책을 출간한 저자의 강연장을 데이트 코스로 추천한다.

♌. 리오는 칭찬받는 것을 매우 좋아하며, 상대의 칭찬을 순수하게 받아들이고 그대로 믿는 경향이 있다. 이것은 리오의 아이 같은 측면이다. 따라서 리오는 자신의 이러한 순수한 측면이 이용당하지 않도록 조심할 필요도 있다.

♌. 이들은 자신이 특별하다고 생각한다. 리오는 뛰어난 표현력의 소유자로서 자신의 감정을 적극적으로 표현해야 하는 사람들이다.

℘. 결혼한 리오는 잘못하면 지배적이고 독재적인 배우자가 될 수 있다. 왕과 사는 것이 쉽지 않을 것이다. 그러나 배우자로서 충실하게 위해 준다면 리오 배우자는 자신의 존경과 애정을 충실하게 돌려줄 것이다.

℘. 리오가 가진 자신감은 그가 발산하는 힘의 근원이자 발원지이다. 리오가 관대할 수 있는 이유는 왕으로서 모든 것을 다 가졌기 때문에 생기는 여유로운 모습일 수 있다.

℘. 리오는 드라마틱한 면을 즐기면서도 현실적인 면이 있고 그러면서도 철학과 영적인 면을 추구하기도 하다. 이것은 이들이 픽스드의 불을 지녔기 때문이다.

℘. 리오의 권위와 용기는 이들에게 정당하지 않은 싸움은 거부하게 한다. 태양은 생명 에너지의 근원이기 때문에 리오는 생명을 소중하게 생각한다. 따라서 이들은 함부로 무모한 용기를 내지 않는다.

℘. 리오는 반복적인 행위를 좋아하지 않는다. 불의 기운 때문에 이들은 늘 새로운 것을 좋아한다. 더욱이 이들의 왕으로서의 지위는 캐프리컨과는 다르게 태어나면서부터 부여받은 힘이다. 따라서 굳이 반복적인 행위를 하지 않더라도 풍요로운 물질과 무소불위의 권력을 가진 존재가 리오이다.

♌. 리오에게 너무 압박을 가하면 리오의 상징과도 같은 관대함은 고집스러움과 심술로 변할 수 있다.

♌. 리오에게 반대의견을 표현하기 위해서는 조심스러운 기교가 필요하다. 직선적인 불평과 비난은 리오의 관대함을 사라지게 하는 대신, 권위와 지배적인 성향으로 표출될 수 있기 때문이다. 따라서 진실이라고 하더라도 너무 곧은 직언에 이들은 분노하고 고압적인 태도를 보일 수 있다.

♌. 리오는 독립과 자유를 중시하지만, 같은 불 싸인인 쎄지테리어스 그리고 에리즈와는 다르게 그 근원은 가정에 있다.

♌. 리오에게 돈은 매우 중요하다. 돈은 이들에게 창조성과 즐거움을 누릴 수 있는 여유를 주며, 이들의 힘을 더 강화 시킨다.

♌. 백성이 없는 왕은 존재할 수 없다. 따라서 타인의 시선을 강하게 의식하고 자신의 창조성을 태양처럼 드러내서 자랑하고 싶어 한다. 따라서 리오는 12싸인 중에서 가장 카르마가 많은 싸인이기도 하다.

♌. 리오의 행운의 숫자는 8과 9이며, 리오의 색상은 금색과 오렌지색이며, 루비가 대표 금속이다. 이들은 과장되고 도전적이며 부지불식간에 타인들을 충동적 폭력으로 몰고 간다. 또한 이들은 중상모략의 희생자인 경향이 있다.

§ 6. 버고(Virgo)

8월 23일 ~ 9월 22일

♍ 키워드 (Rulership:도마사일 ☿/익졸테이션 ☿)

분석적인, 정확한, 부지런한, 디테일에 강한, 건강에 관심이 많은, 깨끗한 것에 집착하는, 일과 감정을 분리하는, 완벽주의자, 위생적인, 효율성에 가치를 두는, 보기와는 다르게 매우 깊은 감정을 가진, 삶의 모든 부분을 일의 측면으로 바라보는, 근면 성실한, 허풍이 전혀 없는, 과장하지 않는, 언제나 검토하고 검사하는, 장인, 공예가, 진실한 사랑을 믿는, 아유르베다, 카이로프라틱, 정신과 의사, 간호사, 심리분석가, 디자이너, 대체의학, 간호사, 가정과 의사, 한의사, 요가전문가, 식이요법, 다이어트, 비밀을 가진, 손기술이 뛰어난, 냉담한, 감정을 드러내지 않는, 감정을 통제하는, 꼼꼼한, 건축가, 일하지 않는 사람을 신용하지 않는, 서비스 정신이 투철한, 잔소리, 손기술이 뛰어난 사람, 1mm의 오차도 허용하지 않는, 알뜰한, 정확하게 계산하는, 살림꾼, 노동자, 일꾼, 경리직원, 프로그래머, 카운터 직원, 세무사, 독립적인, 수수께끼 같은 매력의, 타인에게 절대로 지배당하려고 하지 않는, 아무에게나 자신을 허락하지 않는, 걱정장이, 드라마를 믿지 않는, 현실은 냉정하다고 생각하는, 세상에 공짜는 없다고 생각하는, 고용인, 3D 직종의, 고용환경의, 애완동물을 사랑하는, 삶은 환상이 아니라고 생각하는, 차별하는, 분별심이 있는, 현실적인 것을 너무 중요하게 생각하는, 열정을 꽁꽁 묶어서 숨겨두는, 감정을 두려워하는, 비판적인, 과학에 집착하는, 증명할 수 있어야만 하는, 노동에 높은 가치를 두는, 기술자, 건강과 위생을 중대하게 생각하는, 설비사, 작가, 흰색, 채식주의자, 애완동물, 잔인한, 냉정한, 장, 모든 상대에게서 오점을 찾을 수 있는, 까탈스러운, 노처녀, 매일의 노동을 성실하게 수행하는, 부지런한, 알뜰한, 서비스, 열등감 컴플렉스, 초조하고 예민한 신경증, 타고난 노동자, 타인의 무능함과 실수를 용납하지 못하는, 타인에게 속을 것을 두려워하는, 모든 것이 올바를 때만 사랑에 빠지는, 경제 전문가, 최소의 것으로 최대의 것을 얻고 싶어 하는, 일중독자, 구별하는, 조직적인, 단련된, 기술직의, 의무감이 뛰어난, 깔끔 떠는, 마음이 좁은, 안전에 대해 목숨 거는, 이성(理性)에 집착하는, 조심스러운, 속을 털어놓지 않는, 쌀쌀맞은, 내성적인, 믿을 수 없다면 결코 자신의 본성을 드러내지 않는, 남을 지나치게 홍보는, 노동의 정직성을 믿는, 노동력을 제공하여 서비스하는, 청교도적인, 결벽증의, 늘 조심하는, 노파심, 겸허한, 과학자, 똑똑한, 상황판단이 빠른, 유연한 태도를 지닌

♍. 버고는 정확성과 완벽성 그리고 분석의 싸인이다.

♍. 완벽함의 색상은 흰색이다. 흰색은 한 점의 티만으로도 그 순수성과 깨끗함이 사라진다. 따라서 버고의 완벽주의는 마치 완벽한 흰색을 만들기 위해서 한 점의 티를 찾아내듯이 꼼꼼하다. 이러한 성향 때문에 타인의 실수나 잘못을 용납하지 못하는 성향으로 다른 사람을 불편하게 만들기도 한다. 그러나 버고의 완벽주의 성향은 악의의 발로라기보다는 섬세함과 예민함에서 기인된 신경증적인 현상으로 봐야 한다.

♍. 사실 버고가 아니었다면 완벽한 건축물을 만들게 하는 건축설계도도, 1원의 오차도 허용해서는 안 되는 회계장부도, 완벽한 의상의 완성을 위한 정확한 디자이너의 작업도, 고된 수작업과 두뇌 노동을 요하는 컴퓨터 프로그래밍도 이루어질 수 없었을 것이다.

♍. 버고는 때로 너무 지나치게 잔소리를 한다. 어떤 사람들은 완벽하지 못한 것을 보면 너스레로 넘어가는 여유를 부리기도 한다. 특히 리오 태양을 가진 사람들이나 리오에 비너스를 가진 사람들은 삶에 대한 여유를 가진 일종의 연기자들이기 때문에 그렇게 너스레를 부리는 것이 가능하다. 그러나 버고는 완벽하지 않다는 판단을 내리면 불안에 가까운 신경증을 느낄 수도 있다.

♍. 특히 버고와 마쓰가 만났을 때 이들의 완벽함에 대한 요구는 더욱더 커진다. 이 경우 고용인과 잦은 분쟁이 있을 수 있으며, 분쟁을

일으키는 고용인을 만날 수도 있다. 그러나 에리즈의 분노나 과격한 성질이 그들이 좋지 않은 성향의 소유자이기 때문이 아닌 것처럼, 버고가 일으키는 분쟁도 이들이 성미가 악해서가 아니라, 이들의 지나친 완벽주의 때문이다. 만일 진화된 버고 마쓰라면 다른 행성들이 받쳐준다면, 그들은 자신의 완벽주의를 인류의 건전한 정신과 고차원적 양심 추구를 위한 완벽주의로 발휘될 수 있다.

♍. 버고 태양을 9번 하우스에 가진 사람이라면 정확성은 그들의 신념이자 철학과 종교가 될 수 있다. 이들의 버고가 보다 더 확장성을 중시하는 쎄지테리어스나 리오 같은 싸인과 좋은 각을 이룬다면 두 싸인이 가진 창조적 성향과 조화를 이루어서 완벽한 예술 작품을 창조할 가능성도 있다. 왜냐하면 이러한 운명을 가진 개인은 사소함(detail)이 모여서 전체를 이룬다는 사유의 소유자일 수 있기 때문이다.

♍. 버고는 건강과 위생을 중시한다. 간호원이 버고의 직업인 이유도 그러하다. 이들은 매일의 철저한 식단관리를 통해서 자신의 체중과 건강을 관리한다. 따라서 버고들에게 다이어트는 중요한 문제다. 특히 평소에는 버고의 기질이 없다가도 6번 하우스나 버고 싸인이 지배하는 하우스에 특정 행성이 진입한 경우 주인공은 갑자기 다이어트를 한다거나 비타민제를 복용하는 등 건강에 신경을 쓰거나 과도한 청소를 통해 청결을 유지하려고 노력한다. 특히 버고는 채식주의자의 싸인이기도 한데 이것은 버고의 애완동물에 대한 사랑과도 관계가 없지 않다. 건강을 위한 자연주의 음식섭취를 지향하는 아유르베다도 버고의 산물이다.

♍. 토러스처럼 흙의 싸인 임에도 불구하고 버고는 토러스만큼 물질적이지는 않다. 버고는 보다 정신적인 노력을 통해서 물질을 획득하려는 성향을 가진다. 이것은 버고가 가진 흙의 기질과 뮤터블 성향의 결합으로 일어나는 현상이다. 이들은 기술과 정신적인 능력을 배양함으로써 자신의 일상을 업그레이드시키는 것에 관심이 많다. 만일 어떤 평범한 직장인이 직장에서 하루의 일과를 마친 후 영어학원이나 컴퓨터 학원을 다니면서 또 다른 자격증을 따려고 노력한다면 이 사람은 버고적 성향을 가진 사람일 가능성이 있다. 그러나 이 사람이 낮에는 법률 사무소에서 일하지만, 밤에는 댄스학원에 다니며 전국 볼륨댄스 콘테스트를 준비한다면, 이 사람은 리오일 가능성이 있다.

♍. 버고는 일의 싸인이다. 처음에 직장에 입사한 평사원들이 맡는 업무는 버고적인 일일 것이다. 이들의 업무는 회사에서 책임자의 위치에 있는 상사들의 업무에 비해서는 단순하다. 가령 서류정리나 분류 같은 일들은 버고의 산물이다. 회사에서 작성하는 서류는 버고의 성격을 잘 반영한다. 서류는 특정한 사실들이 정확하고 간결하며 꾸밈없는 사실적 문체로 기록된다. 이렇게 실용적이고 간결한 것이 버고의 일상적인 성격이며 평범한 직장인들의 일상의 모습이다.

♍. 버고는 어떻게 공부할까? 이들의 수학적이고 분석적 성향 때문에 문과보다는 이과계열에 적합하다. 수학과, 컴퓨터 학과, 전자계산학과, 화학과, 한의대, 식품영양학과, 수의학과, 회계과, 의류디자인과, 비서과, 도서관학과, 가정의학과, 정신과, 심리학과, 의상디자인학과, 바이오 생명 공학과 등에 적합하다.

♍. 버고의 직업은 식이요법 전문가, 아유르베다 전문가, 카이로프라틱 전문가, 대체의학자, 가정의학과 의사, 심리분석가, 간호원, 정신과 의사, 체력관리사, 다이어트 관리사, 수의사, 애견샵 마스터, 치과위생사, 회계사, 양호간호사, 요양원 의사, 음식점 노동자, 요양원 간호사, 치과의사, 학교 및 기업, 비평가, 식품영양 관리사, 수학교사, 논리 교사, 경리사원, 도서관 사서, 바이오 생명공학 전문가, 동물구조가, 동물심리상담가, 검열관, 웨이터, 취업 카운셀러, 직공, 컴퓨터 프로그래머, 그래픽예술가, 수선업, 세탁물 관리사, 수공예 전문가, 가정부, 요가전문가, 가정 관리사, 속기사, 전문가, 심리분석가 등이 있다.

♍. 버고는 일상의 싸인이다. 따라서 버고는 매일의 일들을 중요하게 생각한다. 버고는 힘의 본성을 알고 또 원하기도 한다. 그러나 그는 거품으로 이루어진 힘을 믿지 않는다. 따라서 타인이나 타인의 세력에 의존하기보다 스스로의 노동의 힘에 의존한다. 따라서 허황된 야망과 욕망이 들 때 버고의 일은 그로 하여금 다시 현실을 직시하게 한다.

♍. 머큐리가 지배하는 싸인들은 일종의 신경증을 가지고 있다. 머큐리가 의미하는 지성은 머리와 관련이 있고, 머리를 과하게 사용하여 신경과민에 걸리기도 하는 것이 머큐리 계통의 싸인들 이다. 이들은 매일의 노동이나 주어진 일을 통하여 하루를 열심히 살려고 하는 싸인이다. 이들의 이러한 특성은 정직함과 서비스 정신으로 투사된다.

♍. 버고의 정확성과 완벽주의 그리고 작은 것을 보아 넘기지 못하는 성향은 자녀들에 대한 지나친 잔소리로 표출될 수도 있다. 그러나 버고

는 일의 싸인이다. 따라서 이런 경우에 일과 가정의 일을 동시에 함으로써 자신의 예민하고 완벽주의적 성향을 가정이 아닌 일의 공간으로 분산시키는 것도 좋은 방법이다. 사람마다 재능은 각기 다른 법이다.

♍. 버고가 강한 사람들은 결혼이 늦어지는 성향이 있다. 버고는 가장 완벽하게 보이는 상대에게도 결점을 찾아낸다. 흰옷에 티가 묻기는 쉽기 때문이다. 결국 누구에게서나 단점과 결점을 찾아내는데, 사실 버고의 이러한 완벽주의 성향은 정말 자신이 믿을 수 있는 사람을 찾고 싶다는 마음의 발로이다. 그러나 버고의 완벽한 기준에 맞는 사람을 찾기는 쉽지 않다. 따라서 일 중독에 빠져서 살다가 아주 늦은 나이에 결혼할 수도 있다.

♍. 버고의 사랑은 그의 현실적 감각을 반영한다. 버고가 누군가를 사랑하게 된다면, 버고는 자신의 사랑을 잘 감추지 못한다. 왜냐하면 그는 사랑하는 사람에게 자신의 사랑을 표현하기 위해서 현실적인 무엇인가를 해주어야 하기 때문이다. 가령 같은 회사에 근무하는 사람을 사랑하는 버고라면 그를 위해 책상을 닦아주고, 남편을 위해서라면 그의 차를 깨끗하게 닦아줄 것이다.

♍. 버고는 사랑의 열정에 쉽게 빠져들지 않는다. 그는 흙의 기질을 가졌으면서 동시에 매우 지성적이다. 따라서 버고의 연인은 그의 지성을 일깨워줄 수 있어야 하고, 흙의 열정을 깨울만한 인내심을 가져야 한다. 또한 현실적이고 비전을 가지고 실천하려고 노력하는 사람을 추구한다. 이들은 토러스, 캔서, 스콜피오, 케프리컨, 파이씨즈 등

과 잘 어울린다.

♍. 버고는 날카로운 비판가로서 때때로 까다롭다는 평가를 듣기도 한다. 버고가 여러 행성들에 의해 어플릭트 되어 상태가 좋지 못하다면, 그의 부정적인 성질이 표출되고 사소한 것에도 심하게 비난할 수 있다. 버고의 비평적 성향은 그의 분석가적 기질에서 나온다.

♍. 버고는 흙과 뮤터블 성향에 의해서 건조(dry)[6]한 사람들이라는 평가를 듣기도 한다. 버고의 이러한 기질은 오히려 그를 정확성과 기술력이 생명인 화학이나 바이오 생명공학과 같은 분야에서도 두각을 나타낼 수 있다. 특히 손을 아주 미세하게 사용할 수 있는 기술적인 능력은 탁월하다.

♍. 버고는 일을 해야만 만족을 느낄 수 있는 싸인이다. 특히 버고는 봉사 즉 서비스의 싸인으로 대극의 싸인 파이씨즈가 대희생의 성격을 지니고 있다면, 버고는 작은 희생이라는 의미를 지니고 있다. 버고의 서비스는 성실하게 일을 통하여 정직하게 돈으로 환산을 받을 수 있는 서비스다. 그는 정당한 대가가 돌아오는 일에 대해서는 일이 아무리 거칠고 힘들다고 해도 "이것은 일일뿐이야!"라는 정신으로 해내는 경향이 있다.

---

[6] 다소 까칠한 기운을 보이는 사람들에게 드라이(Dry)하다라고 표현한다. 영문표현이지만 실생활에서 우리말처럼 쓰이는 경향이 있기 때문에 본서에서도 영어표현 그대로 드라이라고 표현했다. 흙의 기운은 메마르고 차갑다. 흙 성분의 버고는 뮤터블 운동으로 인해 메마른 흙에 바람 기운이 더해진다. 따라서 흙이 더욱 마르는 경향이 있고 그것을 드라이(Dry)하다고 표현했다.

♍. 버고는 타인의 반응에 대해 무감각하게 어떤 대응도 하지 않을 수 있다. 이들은 질서나 순서를 중요하게 생각하며 현실주의와 실용주의를 높이 평가한다. 또한 해야 할 일에 대해서 반드시 해내야만 한다는 완벽주의자들이다. 12싸인 중 가장 분별심이 강한 싸인 중 하나라는 평가를 받는 버고는 자신의 대극에 위치하는 파이씨즈가 가장 경계를 구분할 줄 모르는 싸인인 것과 비교해 보면 극단적인 대조를 이룬다. 셀러브리티로 불리는 영화나 팝 스타들 중에 의외로 버고가 많은 이유는 스타의 현실과 그들의 연기는 전혀 다를 수 있다는 사실을 암시한다.

♍. 버고는 때때로 냉담하고, 쌀쌀맞고, 자신이 감정을 표현하지 않기 때문에 새침스럽다는 오해를 받기도 한다.

♍. 머큐리의 신경증은 버고로 하여금 끝없는 걱정을 만든다. 이들은 노파심이란 표현이 들 정도로 모든 것을 걱정한다.

♍. 버고는 목적이 뚜렷한 사람들이다. 버고는 수수한 모습을 자주 선보이는데, 이들은 자신을 화려하게 포장하지 않는다. 그러나 이들은 12싸인 중 가장 화려한 리오가 원하는 만큼이나 타인으로부터 인정받고 존경받기를 원한다. 그러나 이들은 자신을 자신보다 더 과장된 모습으로 꾸미는 것에 대한 일종의 결벽증이 있다. 이것은 일의 싸인으로서 일에 어울리는 복장에 익숙하기 때문에, 드레스와 같은 여성미를 표현하는 옷을 그다지 선호하지 않는 성향에서 나오는 기질이다. 버고의 이러한 기질은 상대방의 과장된 행동이나 말에 대해서

도 적용되는데, 버고는 진실하게 보이지 않는 모든 것들에 대해서 습관적으로 냉담하고 무덤덤한 반응을 보인다.

♍. 이들은 개인적인 목표를 가지고 열심히 생활하거나, 높은 목표를 세웠더라도 그에 부응하는 현실적인 노력을 기울이는 사람들에게 호감을 느낀다. 토러스가 "돈은 거짓말하지 않는다"라고 말한다면 버고는 "노동(일)은 정직하다"라고 말할 것이다. 이들은 취업이 안돼서 고생스럽다는 사람들에게 "새벽 5시에 전철타봐! 얼마나 많은 사람들이 아침부터 돈을 벌려고 나가는지!"라고 말함으로써 직업에 너무 높은 기대치를 가진 사람들을 비난하기도 한다. 이들은 항상 현실을 봐! 라고 말하는 사람들이다.

♍. 버고는 성취를 위해 노력하는 사람들을 좋아한다. 그는 경제적으로 안정을 이룬 사람에 대해서도 좋게 평가한다. 이들은 꿈꾸기보다 현실적으로 할 수 있는 직업을 선택한다. 그러나 버고는 힘의 위력에 대해 알고 있기 때문에 야망이 크고 성공을 꿈꾸는 어떤 사람이 그 성취를 위해 합당한 노력을 하는 자라면 그를 인정하고 존경하기도 한다.

♍. 버고는 자신의 속마음을 드러내지 않기 때문에 냉담해 보일 수 있다. 특히 자신에 대한 과장된 칭찬을 믿지 않는다. 그는 오고 가는 칭찬 속에 얽히는 감정이 자신이 일을 수행하는 데 방해가 된다고 생각한다. 만일 그의 이러한 태도가 까탈스럽게 보이더라도 버고의 냉정함은 인간성의 문제가 아니라 그의 청교도적인 정직성에서 기인된 문제이다. 12싸인 중 가장 분별력이 뛰어난 싸인 중 하나이다.

♋. 이들은 드라마를 믿지 않는다. 12싸인 중 가장 드라마틱한 삶을 사는 리오에 대하여 버고는 쌀쌀맞고 냉담할지도 모른다. 왜냐하면 버고는 삶이 드라마가 아니라고 생각하기 때문이다. 과장되고 화려하고 꾸미는 모습보다 단순하고 질서정연하며 헤세 부리지 않는 삶을 선호한다. 강한 불 싸인들은 버고의 이러한 모습을 새침하거나 얌전한 척한다고 오인하기도 하지만, 그의 이러한 성향은 자신이 정말 믿을 수 있는 사람을 찾을 때까지 계속될지도 모른다.

♋. 일의 싸인으로서 버고는 자신에게 닥친 일을 열심히, 그리고 성실하고 부지런하게 수행한다. 대극의 싸인인 파이씨즈가 감정 때문에 이따금 일 처리에 혼선을 빚는 경우가 있는 반면, 버고는 일과 감정을 철저히 분리한다. 그러나 이러한 버고와 파이씨즈의 성격은 누가 더 똑똑한가 혹은 누가 더 일을 잘하는가의 우열을 가릴 문제가 아니다. 다른 모든 싸인들도 어떤 싸인이 더 잘나고 못나고의 순위를 정하는 것은 별로 의미가 없는 것 같다. 버고에게는 파이씨즈의 서정성과 수용성 그리고 상상력이 어느 정도 필요하고, 파이씨즈에게는 버고의 분별심과 냉정함이 어느 정도 필요할 뿐이다.

♋. 버고는 효율성을 추구한다. 이것은 최소의 투자를 통해 최대의 효과를 거두기를 원하는 성질이다. 현실적인 버고는 허황된 곳에 돈을 쓰거나 투자하지 않는다. 이들은 술을 마실 때 굳이 와인 잔에 마셔야 하는 이유를 잘 이해하지 못할 수도 있다.

✨. 버고는 손을 사용해서 세밀하고 정확하게 하는 작업에 인내심을 발휘해서 해낼 수 있다. 컴퓨터 프로그래머나, 회계사, 혹은 건축기사들의 일도 버고의 관할에 포함된다.

✨. 버고의 흙은 물질의 풍요로운 흙이라기보다 정신적인 흙에 가깝다. 이러한 버고들은 타인에게 자신의 노동력을 제공함으로써 서비스를 제공하는 경향이 있다.

✨. 버고는 타인의 반응이 과장되거나 정직한 것이 아니라고 판단하면 무감각하게 반응할 수도 있다. "일하지 않는 자는 먹지 마라!"라는 모토를 지닌 이들은 꿈이나 상상은 결국 이루어지지 않는 경우가 많다고 생각하는 현실주의자들이다. 이들은 노동의 가치를 믿으며 청교도적이기까지 한 정직성 때문에 과장된 감정이나 행위에 대해 일종의 결벽증을 가지고 대하기도 한다.

✨. 이들은 자신을 개발하고 정신적인 성장을 이루어 경제적으로 성취를 이루기 원한다. 성실하고 안정적이며 열심히 살고 저축하는 사람을 좋아하지만 상상력이 풍부하고 꿈꾸는 사람들에 대해 너무 냉정한 경향이 있다.

✨. 이들에게 사랑은 진지하고 심각한 것이다. 그러나 자신을 지배하려고 하는 상대에게는 단호하고 냉정하다. 매우 독립적인 성향을 가졌다. 이들은 상대를 매우 현실적인 관점에서 판단하기 때문에 입 바른 너무 과장된 칭찬에 잘 반응하지 않다 보니, 어떠한 칭찬도 믿지

못하는 경향으로 흐를 수도 있다.

♌. 버고에게 사랑은 심각하고 진지한 것이다. 이들이 누군가를 사랑하게 된다면 버고의 행동은 아주 현실적이 된다. 그의 자동차를 세차해준다던가, 책상을 닦아준다거나 하는 일로 자신이 마음을 표현할 것이다. 그러나 꽃과 같은 선물보다 실용적인 선물을 더 좋아한다.

§ 7. 리브라(Libra)

9월 23일 ~ 10월 22일

♎ 키워드 (Rulership:도마사일 ♀ /익졸테이션 ♄)

조화, 평화, 사랑스러운, 아름다움, 균형미, 황금비율, 공정함, 정의, 저울, 세련됨, 외교적인, 평화 제의에도 불구하고 만일 도발한다면 더 이상 평화는 없다. 어떻게 해서라도 평화를 지키고자 하는, 법, 거래, 결혼, 계약, 즐거움을 사랑함, 정의로운 사랑, 사교생활을 즐기는, 평화에 지나치게 집착하는, 모든 사람의 대변인, 겉으로만 웃고 있는, 중립지대, 누구의 편도 아닌, 언제나 협상할 준비가 되어있는, 정의의 여신, 법처럼 정확한 사랑, 가식적인, 다면적인 시각, 모든 관점을 고려하는, 극단을 피하고자 하는, 끝까지 가보지 못하는, 두리뭉실하게 대답하는, 누구의 편도 확실히 들지 않는, 사교적인, 회색분자, 모든 것에는 나름의 이유가 있다고 생각하는, 상대를 배려하는, 어느 누구도 비난하지 않는, 정신의 황금비율, 정확한 거래는 평화를 유지하는 지름길, 모든 사람에게 좋은 사람으로 인식되고픈, 언제나 미소 짓고 있는, 윈도우 스마일, 이미지들로 차 있는 삶, 냉정한 사랑, 겉모습만 보고 사랑에 빠지는, 비열하고 저속한 것을 좋아하지 않는, 혼자서는 생활하지 못하는, 파트너에게 지나치게 의존하는, 사랑하기 위해서 또는 사랑받기 위해서 태어난, 우유부단한, 상대를 배려하는, 의존하려고 하는, 혼자서는 지낼 수 없는, 욕먹는 것을 싫어하는, 상대 중심적인, 재치 있는, 기교가 뛰어난, 배려하는, 결정성이 떨어지는, 우유부단한, 회색분자, 기회주의자, 허영심이 많은, 무관심한, 지나치게 협상하는, 즐거운, 자신의 힘을 타인에게 넘기는, 공유하는, 거절하지 못하는, 사랑스러운 분위기에 집착하는, 평화를 위해서 전쟁도 불사하는

♎. 리브라는 조화와 균형, 평화와 협업의 싸인으로 리브라가 지배하는 하우스는 배우자의 하우스이기도 하다. 협업 중 최고의 협업은 결혼이 아닐까? 리브라를 지배하는 비너스는 이들이 미와 상냥함 그리고 평화로움이 함께하는 매력의 소유자임을 암시한다. 그러나 이들이 지닌 매력과 고요함 속에는 추한 모습이나 비열함 그리고 저속함을 싫어하는 엄격함이 숨어있다. 따라서 비너스가 리브라에서 룰러십을 얻는다는 사실에도 불구하고 비너스와 가장 어울릴 것 같지 않은 쎄턴은 리브라에서 익졸테이션을 얻는다.

♎. 파트너의 싸인 리브라는 상대에게 우호적인 태도를 취함으로써 자신들이 평화주의자임을 그래서 싸우거나 문제를 일으킬 소지가 없음을 암시하려고 한다. 그러나 리브라는 매우 남성적인 싸인이다. 그의 위치가 암시하는 일곱 즉 7이라는 숫자는 유니버설 타로 카드인 전차 카드의 숫자이고, 전차 카드를 탄 전사는 가슴의 정화를 상징하는 빛나는 별을 품은 황제이다. 무슨 말을 하려는 것일까? 리브라는 결코 보이는 것처럼 평화로운 싸인은 아니라는 의미이다. 리브라는 상대에게 평화롭게 지낼 것을 제안하고 문제가 생기면 기꺼이 협상할 뜻을 내비친다. 비너스의 사교성과 보기 좋은 모습은 서로의 관계가 편안하게 흐르도록 한다. 그러나 리브라의 남성적인 기질은 만일 상대가 이쪽의 제안을 거절할 때 나올 것이다. 그는 자신의 평화를 지키기 위해서 기꺼이 전쟁을 감수할 것이기 때문이다. "우리가 현재 누리는 평화는 선조들의 땀의 대가다."라는 말이 있듯이 말이다.

☙. 리브라는 비너스에서 룰러십을 얻고 쎄턴에서 익졸테이션을 얻는다. 이것은 리브라의 관계가 우호적인 모습과 엄격함으로 이루어짐을 암시한다. 우호적인 측면을 대변하는 비너스는 상대와의 관계를 아름다움과 풍요로움으로 이끌어간다. 따라서 리브라의 제1원칙은 비너스의 가치를 내세워서 조화롭고 우호적인 관계를 통하여, 줄 것은 주고, 받을 것은 받으면서 서로에게 모두 이득이 되는 관계를 만드는 것이다.

☙. 관계에서 비너스의 원칙이 먹히지 않았을 때, 리브라는 쎄턴을 사용한다. 쎄턴은 인내와 겸손함, 그리고 엄격함의 미덕을 말한다. 그러나 이러한 쎄턴으로도 해결되지 않는 관계에서 리브라는 가장 엄격한 쎄턴의 형태인 법을 사용하게 된다.

☙. 관계의 또 다른 형태인 계약은 리브라의 상징인 천칭이 암시하는 바와 같이, 균등하고 평등한 조건을 바탕으로 이루어져야만 한다. 일반적으로 비너스와 쎄턴이 함께할 수 있다는 사실은 계약이 냉정함과 엄격함을 바탕으로 함을 암시한다.

☙. 리브라의 룰러인 비너스는 서로 주고받음이 공평한 "기브 앤 테이크(give and take)" 정신을 내세운다. 비너스가 무엇인가를 상대에게 준다면, 그것은 상대가 돌려줄 것이라는 확신이 있기 때문이다. 토러스의 룰러로써 비너스가 경제적 가치의 교환과 그로 인한 물질의 축적을 가능하게 했다면, 리브라에서 비너스는 보다 정신적인 가치를 조율하게 된다.

☈. 토러스의 미인이 풍요로움의 미를 구현하는 미인이라면, 리브라의 미인은 황금비율의 미녀이다. 따라서 리브라에 와서 비너스는 보다 외형적 가치를 중시하게 된다. 밀로의 비너스는 리브라의 미녀이고, 유니버설 웨이트 타로 카드의 3번 여황제 카드는 토러스의 미녀이다.

☈. 리브라가 관장하는 7번 하우스에서는 배우자나 파트너쉽 또는 비즈니스 관계로 인해서 관계가 복잡해지고 확장된다. 사회구성원들이 7번 하우스에서 더불어 평화롭게 공존하기 위해서, 법은 사회의 정의를 구현하고 사회구성원들의 건강한 공존을 가능하게 하는 도구다. 정의의 여신은 한 손에는 리브라의 상징인 천칭을 들고 있고, 다른 손에는 검을 들고 있다. 따라서 여신은 리브라가 의미하는 관계는 공평하고 정의롭고 정당한 관계임을 천명한다.

☈. 많은 점성학자들이 점성학 싸인의 일반적인 룰러 이외에 (esoteric) 룰러를 규정하기도 한다. 리브라의 에소테릭 룰러는 우레너스이다. 번개와 천둥 그리고 엄청난 광풍과 분리 그리고 파괴를 의미하는 우레너스는 관계에서 번개 맞는 듯한 정신적 각성을 가져온다. 관계를 통해서 인간은 성장하기도 하고 파괴되기도 한다. 결국 관계는 인간을 정신적으로 각성시키기도 하고 퇴보하게도 만든다.

☈. 리브라는 외교에서 진정한 자신의 가치를 발휘한다. 능력 있는 외교관이라면 타국과의 외교에서 리브라의 룰러인 비너스와 쎄턴을 잘 사용할 것이다. 마치 비너스가 야수를 다스리듯이 한 번은 당근을 한 번은 채찍을 번갈아 가면서 잘 사용할 것이다. 밀고 당기기를 얼마

나 잘하느냐가 외교의 관건이 아닐까? 지나치게 당근만 주거나 지나치게 채찍만 휘두르는 외교는 서로의 이익에 흠결을 남길 수 있다.

♎. 리브라의 사랑은 주고받기가 정확하기 때문에 정의로울 수는 있다. 그러나 사랑과 정의는 공존하기 힘든 가치이다. 결혼의 과정에서 이루어지는 혼수나 집안 간의 알력은 리브라적인 결혼의 부작용으로 볼 수 있다.

♎. 리브라들은 타인의 외형만 보고 상대를 좋게 평가할 수 있다. 리브라 넵튠은 사랑에 너무 쉽게 빠져버리는 경향이 있다. 이들은 자신의 상상력을 사랑보다 예술성에 사용한다면 더욱 좋은 조합이다. 특히 리브라 넵튠이 불 에너지와 조화를 이룬다면 넵튠이 지닌 사랑은 예술성으로 불처럼 타오를 수 있다.

♎. 리브라들은 쉽게 사랑에 빠진다. 특히 5번 하우스가 리브라라면 이들은 마치 사랑하고 사랑받기 위해 태어난 사람처럼 보일 수도 있다. 이들은 외모와 겉모습으로 상대를 사랑하곤 한다. 위험한 일이다. 리브라의 이러한 특성을 간파한 누군가가 계획적으로 접근한다면 기만과 사기의 상황에 빠질 수 있다. 특히 섣부른 판단으로 너무 빠르게 결혼에 돌입할 수 있으므로 주의해야 한다.

♎. 리브라 마쓰들은 결혼보다는 예술적인 일에서 더 좋은 성과를 낼 수 있는 조합이다. 관계를 의미하는 리브라 안에서 독존을 주장하는 것이 리브라 마쓰의 모순이다. 그러나 우리는 자신의 차트에 마쓰를

제외하고도 다른 아홉 개의 행성을 가지고 있다. 가령 이 사람의 쎄턴이 인내와 품위를 가진 상태로 존재한다면, 관계에서 일어날 수 있는 자기주장이나 공격성을 보충해줄 수 있을 것이다.

♎. 리브라는 관계와 외교 그리고 계약을 통해서 이루어지는 국제무역을 관장하기도 한다.

♎. 리브라는 어떤 직업을 가질까? 모든 종류의 협상가와 카운슬러, 결혼 상담사, 웨딩 관련 직업, 외교관, 노동자 중재소, 배심원, 법률가, 매니저, 세일즈맨, 예술가, 건축가, 일러스트레이터, 사진기술자, 패션 디자이너, 패션 산업노동자, 여성 모자 제조인, 색상 컨설턴트, 의류 가게 소유자, 의류판매원, 뷰티가게, 헤어드레서, 의상전문가, 인테리어 장식가, 화장품 제조사와 거래자, 보석상, 플로리스트, 사탕 제조자 등등이 이들의 직업군이다.

♎. 리브라는 예술과 법, 무역과 중개업 등에서 자신의 능력을 발휘할 수 있다. 법 관련학과나 디자인학과, 미용관련학과, 건축과, 플로리스트 전공, 무역학과, 대인관계 전문가 과정 전공, 정외과, 미술가, 미술평론가, 의상과, 모델과, 웨딩전문가 과정, 외교법 전공, 미술가, 미술평론가, 각종 코디네이터 등이다.

♎. 신장을 의미하기도 하는 리브라는 룰러인 비너스가 쎄턴과 흉각이라면 고질적인 신장 장애나 고질적인 여성기 질환을 앓을 수도 있다.

♋. 리브라는 아름다운 상업 도시를 의미하기도 한다. 르네상스 시대의 도시 피렌체는 르네상스가 발발한 대표적인 예술의 도시이자 상업 도시이다. 예술과 아름다움을 의미하는 비너스가 돈의 요체인 상업 도시를 동시에 상징하는 것에서 우리는 비너스의 깊은 의미를 눈치채야만 한다. 비너스의 풍요로움과 미적 감각은 사람들을 끌어당긴다. 사람들이 모이면 관계가 형성되고 관계가 형성된 곳에서는 물질 거래가 활발해진다.

♋. 리브라가 의미하는 결혼은 결코 아름다운 결합만은 아니다. 결혼은 현실이고 심지어 결혼을 인생의 무덤이라고 말하는 사람도 많기 때문이다. 따라서 결혼의 달콤함이 결혼의 비너스적인 측면이라면, 결혼을 통해서 두 사람이 감수해야 할 책임과 의무 그리고 인내와 약속은 결혼의 쎄턴적 측면이다.

♋. 금전운을 관장하는 2번 하우스가 리브라 싸인인 경우 이 사람은 정당하다고 생각하는 일에 돈을 쓰고 또한 그러한 일로 돈을 벌어들인다. 미에 관련된 일로 돈을 지출하기도 한다. 상업이나 무역과 같은 일을 통해서 돈의 수입과 지출이 일어날 수 있으며, 관계를 맺기 위해 돈을 사용하는 일도 많다.

♋. 리브라는 사교의 싸인이니 만큼, 집안보다 집 밖의 생활을 추구하는 사회적인 싸인이다. 사교생활에서 좀처럼 분쟁이나 싸움을 볼 수 없는 것은 이들이 쌍스럽거나 지저분하거나 교활한 모습 같은 행동을 좋아하지 않기 때문이다. 흔히 사회생활에서 만나는 관계에서

대부분의 사람들은 서로의 속을 터놓지 않는다. 따라서 리브라적 만남은 상대와 불화를 일으키지 않고 겉으로 적당한 평화를 유지하는 만남을 가지게 된다. 흔히 동창회와 같은 모임에서 리브라적 가치를 잘 보여준다. 나이가 들어 참가한 동창회에서 동창들이 급조한 장신구와 의복과 화장으로 겉모습을 꾸미는 것은 리브라적 미의 피상적인 모습이다.

♎. 리브라는 활발하고 예술적 기질이 넘치고, 쉽게 쉽게 넘어간다. 평화로움과 아름다움 그리고 조화를 중시하며 외교적이고 세련됐다. 그러나 이들은 파트너십과 결혼의 싸인이니 만큼, 종종 홀로 있을 때 균형을 잃고 긍정적인 전망을 잃는다. 리브라의 반대 싸인인 에리즈는 언제나 "나 먼저"를 주장하며 때로는 독불장군의 기질도 보이는 반면 리브라는 상대방의 존재가 가장 필요한 싸인들 중에 하나다.

♎. 리브라의 행운의 숫자는 6과 9이다. 파란색이며 리브라의 금속은 구리다. 리브라들은 사랑과 관련해서 타인들로부터 나쁜 감정을 선동시키는 경향이 있다. 이들은 결단력이 약하고 종종 너무 쉽게 사랑을 선호하기 때문에 연인을 화나게 하고 실망시킨다. 그들은 또한 나약하고 신념이 없는 경향이 있다.

§ 8. 스콜피오(Scorpio)

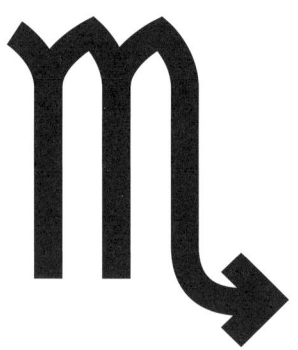

10월 23일 ~ 11월 21일

♏ 키워드 (Rulership:도마사일 ♂, ♇/익졸테이션 ♅)

죽음, 성, 재생, 변형, 깊은 감정의 경험, 다른 사람과의 완전한 합병, 상대의 모든 것을 소유하려고 하는, 인생에 대한 깊은 이해를 원하는, 미스터리에 지대한 관심을 가진, 오컬트적인, 비밀이 있는, 음침한, 터부, 타인의 비밀을 알아내려고 하는, 자신의 내면을 마스터하는, 염탐하는, 탐정의, 비밀경찰, 스파이, 과학수사대, 시기, 질투, 증오, 정열, 집착, 부러워하는, 파괴, 정열적인 감정, 무자비한, 용서하지 않는, 복수하는, 타인의 비밀을 통찰하는, 끝까지 가는, 극단을 경험하는, 위험을 무릅쓰는 용기, 패션, 타인의 육체와 영혼을 파괴할 수 있는, 타인의 육체와 영혼을 치료할 수 있는, 선지자, 타인의 약점을 공격하는, 조용한, 무표정한, 주도면밀한, 내면이 요동치는, 자기력과 같은 매력을 지닌, 힘을 낭비하지 않는, 신비로운, 극단적으로 좋아하거나 극단적으로 미워하는, 상속, 공동자산, 보험, 극단적인, 엄청난 깊이의, 다이하드, 항문, 부활, 임사체험, 유산관리자, 사후 보험 관리자, 파산 관리인, 광산업자, 재침략, 강렬한 감정, 변화, 재활용하는, 구조조정, 합병, 심층 심리, 변형, 목표지향적인, 고집, 집착, 증오, 패션, 아무도 끼어들 수 없을 정도로 강력한, 팜므파탈(femme fatale)

♏. 스콜피오의 힘에 대한 욕구는 강력하다. 이것은 이들이 상대에게 지배받거나 통제받기를 원하지 않기 때문이다. 비밀의 싸인인 스콜피오의 겉모습만으로는 이들이 무슨 생각을 하고 있는지 잘 알 수가 없다. 그러나 이들의 무표정 아래에는 마치 어둠의 심연과도 같은 비밀의 세계가 펼쳐진다. 이들은 조잡스러운 행동은 거의 하지 않는다. 극적인 순간에 한방으로 자신의 에너지를 사용하기 때문에 이들에게 한 번의 공격을 받게 된다면 결과는 치명적일 것이다. 전갈에게 독을 맞는 기분이 어떻겠는가?

♏. 스콜피오의 상징인 전갈은 자신을 특별하게 위협하지 않는 상대에 대해서는 공격을 하지 않는다. 오히려 사람을 보면 숨어버리는 전갈의 습성은 스콜피오가 자신의 사적인 영역을 철저하게 비밀에 부치는 사람들임을 암시한다. 그러나 비밀을 가진 자는 다른 사람의 비밀을 알아본다. 따라서 이들은 타인의 비밀에 대해서는 귀신처럼 알아내기도 한다. 이것은 마치 저승사자가 곧 죽을 사람 앞에 시간을 맞춰서 나타나는 것과도 비슷하다.

♏. 진화된 스콜피오라면 자신의 특별한 능력을 타인의 사생활을 캐기 위해서 사용하지는 않을 것이다. 그러나 차트 구조가 약하고 다소 진화되지 않은 스콜피오는 복수심이나 개인적인 문제와 연관해서 타인의 비밀을 집요하게 파헤치려는 기질이 있다. 스콜피오는 극단과 깊이의 싸인으로서 자신에게 해를 가하는 사람에게는 복수도 할 수 있기 때문이다. 모든 싸인은 긍정적인 의미와 부정적인 의미를 동시에 지니고 있음을 잊지 말아야 한다.

♏. 스콜피오의 자존심을 건드리지 말라. 스콜피오 상관은 부하 직원에게 잘못했다는 한마디를 듣기 위해 엄청난 폭력을 가할 수도 있다. 특히 타인들 앞에서 부하 직원이 잘못했다고 말하지 않음으로써 자신의 권위가 무너진다면, 그 부하 직원이 아무리 자신의 충복이라고 하더라도 그에게 운명을 느끼게 할 만한 위해를 가할 수도 있다.

♏. 비밀정치, 비밀경찰은 스콜피오적인 영역의 일례이다. 점성학의 12싸인들 중 타인의 지배를 완강히 거부하는 싸인이 있다면 그것은 스콜피오와 에리즈이다. 특히 스콜피오는 오히려 타인을 지배하려는 성향을 보인다. 그러나 7번 하우스의 플루토가 있는 개인은 타인을 지배할 수도, 혹은 타인의 지배를 받을 수도 있다. 그가 힘 있는 차트를 가지고 있다면 그는 타인을 지배할 수 있을 것이다. 만일 그의 차트가 약하다면 그는 오히려 타인에게 지배의 대상이 될 수도 있다.

♏. 스콜피오는 고독의 싸인이다. 이들은 후미지고 외진 자신만의 공간에서 자신의 내면 깊이 몰입해 들어가서 자신도 알지 못했던 또 다른 자신을 파헤치려고 시도하는 정말 알기 어려운 인물형이다. 그는 자신 대신에 타인을 내세워서 자신의 막강한 힘을 시험하기도 한다. 바지사장이나 비밀정치도 실제 힘을 가진 사람과 드러나서 일을 벌이는 사람이 다른 경우이다. 죽음의 경험을 한 스콜피오는 사건이나 인물이 드러내는 외면적인 행동이나 겉으로 드러나는 의도보다 그의 내면에 숨은 의도로 개인을 판단하기 때문이다.

♏. 스콜피오는 사회에서 허용하지 않고 일반적으로 터부시하는 일들에 관심이 많다. 죽음과 성, 타투, 마약 등도 스콜피오의 영역에 속한다. 스콜피오의 막강한 힘은 그것을 개인적인 사욕을 채우는데 사용할 것이냐, 아니면 보다 숭고하고 높은 의식의 진화를 위해서 사용할 것이냐 하는 문제에 직면하게 된다. 개인적인 사욕에 자신의 힘을 사용하는 스콜피오는 모든 종류의 성 카르마와 그 일환인 중독과 폭력에 노출될 수도 있다.

♏. 스콜피오는 정말 사적인 사람들로서 자신을 떠벌리거나 자랑하지 않음으로써 엄청난 힘을 가진 사람들이다. 이들이 자신의 본능을 억제하고 이렇게 응축된 힘을 타인을 위해 사용한다면 위대한 치료사가 될 것이다.

♏. 임사체험은 사람들의 인생을 바꿔놓는다고 한다. 또한 죽을 뻔하다가 살아난 사람들도 그 전과는 다른 인생을 산다고 말한다. 죽음과 재생을 의미하는 스콜피오는 실제 죽음을 의미할 수도 있지만, 정신적 죽음을 의미할 수도 있다. 죽음과도 같은 사건을 겪는 것은 개인의 정신에 완전한 변형을 가져올 수 있다.

♏. 스콜피오의 룰러인 플루토는 폭력과도 관계가 있다. 특히 플루토와 마쓰가 이루는 어스펙트는 주의를 요해야 한다.[7]

---

7) 서양 예측 점성술의 기예(The art of predictive astrology/ 캐롤 러쉬맨 저. 로즈 임 지혜 역) 참조

♏. 이들은 많은 사람을 사귀기보다 정말 믿을 수 있는 소수의 사람들만을 친구로 삼는다.

♏. 스콜피오는 한번 애정을 맺는다면 충실하고 깊은 애정을 보여준다. 또한 웬만하면 관계를 끝내지 않을 것이다. 그러나 만일 한번 끝내겠다고 결정했다면 다시는 이 사람을 만날 기대를 하지 않는 것이 좋다. 친구로 남는다거나 가끔 전화통화를 하는 일도 없을 것이다. 스콜피오는 깊이 사귄 사람과 웬만해서는 끝을 내지 않지만 만일 끝나게 된다면 정말로 끝난 것이다.

♏. 이들에게 중도는 없다. 중도와 타협을 통한 적당한 평화나 입에 발린 이야기들은 스콜피오의 사전에 존재하지 않는다. 많은 친구들보다 정말 믿을 수 있는 소수 사람들과의 우정을 선호하는 이들은 적당히 넘어가려는 태도를 단번에 알아본다. 따라서 이들과 좋은 관계를 맺고 싶다면 자신이 내면적으로 얼마나 강력한 사람인지를 어필하는 것이 좋다.

♏. 적당히 이들을 구워삶으려는 시도를 하지 않는 것이 좋다. 스콜피오는 진실을 간파하는 통찰력을 가지고 있으며, 적당한 친교를 위해 사교적인 미소를 사용하는 접근에는 관심이 없다. 이들은 타협을 가장 싫어하는 싸인 중 하나다. 전략적 협력의 귀재이자 천궁도의 외교관인 리브라와는 아주 대조적이다. 스콜피오는 자신을 위협하는 적에 대해서 특별한 관심을 보이지 않는 듯이 무관심한 표정으로 관찰한다. 그러나 내부적으로는 비밀스럽게 전략을 세우고 힘을 축적해서, 기회가

되면 적을 한 방에 쓸어버리는 전략을 취할 것이다. 천궁도에서 스콜피오가 두려워하는 존재는 거의 없다. 스콜피오가 마음만 먹는다면 (단 차트 구조가 강력할 때) 그와 대적할 수 있는 존재는 거의 없지만, 어퀘리어스(단 차트 구조가 강력하다는 전제하에서)에게는 아무리 스콜피오라도 함부로 할 수가 없다. 어퀘리어스의 힘은 그가 어떤 것에도 집착하는 바가 없다는 점이고, 어퀘리어스는 스콜피오가 그토록 원하는 힘에도 관심이 별로 없기 때문에 스콜피오가 상대를 통제하기 위해서 전전긍긍하는 모습을 지켜보고 "그래! 열심히 해봐!"하고 어깨를 툭 치며 길을 떠날지도 모른다. 어퀘리어스에게 중요한 것은 타인을 통제할 수 있는 힘을 얻는 데 있는 것이 아니라 자신 앞에 놓인 모든 경계를 깨고 의식 너머의 세계로 가는 것이기 때문이다.

♏. 공동재산을 의미하기도 하는 스콜피오는 결혼과 파트너십을 의미하는 7번 하우스의 다음 하우스인 8번 하우스를 지배함으로써 상대와의 결합을 공고히 한다. 이 결합은 서로의 가치와 감정체계의 공유까지도 아우르게 하는 결합으로서 서로의 물질적 가치를 완전히 공유함으로 배우자나 사업파트너는 막강한 힘을 가지게 된다. 8번 하우스의 룰러와 쥬피터가 길각을 이룬다면 배우자의 막대한 유산을 받을 가능성도 있다. 또한 보험이나 적금 또는 펀드 등 보험관리인이나 투자 전문가는 타인의 재산을 다루는 사람으로서 많은 사람들의 자산을 관리하여 엄청난 돈으로 불리는 일을 한다.

♏. 스콜피오는 공유재산 즉 타인의 재산과 관계가 있다. 보험이나 적금 또는 펀드 등을 관리하는 보험관리인이나 투자 전문가 또는 파

산신탁관리자, 기업합병 전문가 그리고 장의사로서 활약한다. 재활용 관련 사업 및 폐지수집가, 외과 의사, 오컬티스트, 투자분석가, 세금 조사관, 은행가, 힐러 등으로 활약한다.

♏. 스콜피오는 타인이 감당하지 못하는 위험한 선까지 넘을 수 있는 담력의 소유자다. 그는 모든 일을 끝까지 가보는 경향이 있다. 그가 부활할 수 있는 이유는 극음(極陰)이 되면 극양(極陽)이 될 수 있는 원리에 의해서이다.

♏. 스콜피오는 타인의 감정에 아주 민감하다. 이들은 타인의 감정을 메마르게 해서 자신에게 의존하게 하거나, 절대복종을 요구하기도 한다.

♏. 스콜피오는 강한 목표지향적인 성격을 지녔다. 이들이 무엇인가를 하기로 결심했다면 좌로도 우로도 고개를 돌리지 않고 오로지 목표만 보고 직진한다. 이들은 독재적이며, 전제적이고, 무례하다. 이들의 극단적 성향은 때로 타인을 파괴할 수도 있지만 스스로를 파괴할 수도 있다. 이들의 성격은 이원성의 지배를 받는다. 따라서 호불호(呼不呼)가 분명하다.

♏. 새디스트와 마조히스트도 스콜피오의 극단적 성향을 보여주는 일례로 상대에게 고통을 주면서 즐기거나, 고통을 받으면서 즐기는 중독적 성향을 일컫는다. 스콜피오가 고통에 집착하는 이유는 여러 가지인데, 어떤 경우든 상대가 자신을 두려워하거나 동정을 구한다면, 더욱더 상대에게 잔인해질 수 있다.

♏. 스콜피오는 공유자산을 의미한다. 이것은 배우자의 자산을 의미할 수도 있고, 비즈니스 파트너와의 공동자산을 의미할 수도 있다. 배우자로부터 상속받은 자산을 의미할 수도 있다.

♏. 이들은 극단적인 감정의 끝을 경험하기도 한다.

♏. 스콜피오는 깊이와 극단의 싸인이다. 이들은 옳고 그름에 대한 판단이 확실해서, 옳을 수도 있지만 이러한 점에서는 그를 수도 있다는 판단을 내리지는 않는다. 스콜피오는 인간이 지닌 이중적 모습 가운데서 언제는 극단적인 모습으로 드러나는 사람들이다. 이들은 극선이거나 극악하다. 또는 너무 사랑하거나 극단적으로 미워하거나 둘 중에 하나를 선택한다. 이들이 사물을 이해하는 시선은 연민이나 이해심과 관련이 없다. 바로 이러한 이유 때문에 이들은 자신의 감정을 완전히 통제할 수 있다.

♏. 이들의 내면을 끓고 있다. 그러나 이것은 폭발 전에 완전한 고요와 평화의 상태에 놓여있는 수면 같은 느낌이다.

♏. 스콜피오는 인생의 어느 시점에 특히 어린 시절에 어떠한 계기에 의해서든지 극도의 공포나 인간의 어둡고 사악하고 충격적인 모습을 경험했을 가능성이 많다. 또한 유전적인 영향에 의한 알 수 없는 경험을 했을 무시하지 못한다. 어느 경우이든 이것은 이들의 내면에 강하게 자리 잡아서 인격의 많은 부분을 구성했을 가능성이 있다. 이러한 종류의 경험치를 가진 스콜피오는 아름답고 평화로운 인간의 모습

뒤의 숨겨진 또 다른 진실을 탐구하고자 하는 경향이 있다. 또한, 인간의 온화하고 순수한 모습이 어느 시점에서 깨질 수 있는지에 대한 탐구는 보다 더 부정적인 스콜피오의 마음속에서 이루어질 수도 있다. 폭력과 성 남용, 고문이나 약자에 대한 폭력이나 잔인한 행위 등은 스콜피오가 부정적으로 투사된 극단적인 모습들이다.

♏. 스콜피오는 물 싸인으로서 안전을 중시한다. 스콜피오는 무표정으로 유명하다. 평온한 수면 아래 다이내믹하게 움직이는 대류 운동이나 땅속에 언제 폭발할지 모르는 용암에 비유되기도 하는 이들에 대해서 흔히 "평온한 수면 아래서 그들의 감정을 끓고 있다"고 표현하기도 한다. 통제할 것인가 아니면 통제당할 것이냐에 대해 매우 민감한 사람들이다. 스콜피오가 힘이나 권력을 취하려고 하는 이유는 바로 자신이 누구에게도 통제당하길 원하지 않기 때문일 것이다.

♏. 스콜피오에게 힘은 자신을 안전하게 보호해주는 수단이다. 어퀘리어스가 자신에게 다가오는 모든 경계를 깸으로써 물질적인 모든 것들을 정신적으로 승화시키고 우주적인 통합을 이루려는 반면, 이들은 물질을 내면 깊숙이 소유함으로서 힘을 얻으려 한다. 특히 이들은 폭풍 속의 고요함처럼 힘이 무르익을 때까지 기다릴 수 있는 사람들이거나, 분노를 모아서 극단적인 힘으로 사용하는 사람들이다. 이들이 분노가 만약 정화된다면, 더 큰 목적을 위한 치료 차원에서 쓰일 수도 있지만, 그렇지 않다면 상대나 자신을 파괴하는 힘으로 쓰일 수도 있다. 비장의 필살기도 스콜피오의 영역이다.

♏. 스콜피오의 두 룰러인 플루토와 마쓰 중 플루토는 영하 20도가량의 액체이다. 따라서 물이라고 말하기 다소 어려운 얼음과 같은 물이다. 드라이아이스는 너무 차가워서 실수로 손을 데면 화상을 입을 수 있듯이 이들의 물은 차갑지만 뜨겁다는 모순을 가진다. 물은 감정을 의미하기 때문에 이들의 감정을 상하게 하는 것은 매우 위험한 일이다.

♏. 스콜피오는 모든 터부와 관련된다. 죽음, 미신, 중독, 마약, 문신 등도 스콜피오와 관련된 것들이다. 스콜피오는 강박증의 소유자이기도 한데, 이들은 특정 상태가 완전히 다른 상태로 바뀔 정도로 완전한 변화를 꿈꾼다.

♏. 머큐리는 지성과 다양성의 행성이지만 피상적인 측면이 있다. 머큐리가 스콜피오를 만나면 생각이 깊어지고 정신없거나 부산스러운 모습이 매우 진지하고 차분해지며 지식에 대하여 깊이 경험하고 알려고 하는 진중한 면이 생기게 된다.

♏. 스콜피오는 강심장의 소유자다. 갑자기 사고가 난 곳에서 가장 침착함을 유지하고 비상구로 탈출할 수 있는 싸인이 있다면 바로 스콜피오가 그들이다. 이들은 위태롭게 출렁이는 자신의 감정을 통제한다.

♏. 스콜피오의 표정에서 아무것도 읽히지 않는다는 사실이 이들의 카리스마다. 이 무표정은 타인에게 두려움을 주기도 하다. 흔히 포커 게이머들의 표정을 포커페이스라고 하는데, 게이머들은 표정을 드러내지 않음으로서 자신의 전략을 감추고 상대에게 두려움을 준다. 고

도의 심리전의 일환인 포커페이스를 효과적으로 활용하는 이들이 바로 스콜피오다.

♏. 극단적인 상황에서 눈썹 하나 끔쩍하지 않는 이들은 비밀은 사실 내면이 요동치고 있다는 사실이다. 이들이 비록 마음속에서 미친 듯이 불안과 공포를 느낄지라도 겉으로 태연함을 가장한다. 경험에 따르자면 자신의 불안감을 내색하지 않는 것은 쉽지 않다. 그것은 자신의 불안을 혼자서 모두 감당하고자 하는 노력의 발로이며, 자신 이외에 누구도 신뢰하지 않는다는 의미이기도 하다. 이들은 자신이 패를 내보이지 않음으로서 언제나 상대보다 조금 더 우위에 서려고 한다.

♏. 에리즈가 공격이나 경쟁에서 투쟁심을 드러냄으로써 상대의 기운을 제압하려고 한다면, 스콜피오는 반대 전략을 사용한다. 에리즈가 분노로 소리칠 때 이들은 침묵한다. 무엇이 더 두려움을 줄까? 예측할 수 없는 공포는 인간을 스스로 무너뜨리기도 한다. 부정적으로 발현되는 스콜피오의 성향이 좋지 않은 의도를 가졌을 때, 대상을 표현할 수 없는 어둠과 침묵 속에 놓이게 하는데, 이런 상황에서 일반적으로 인간의 공포심은 최고조에 달하게 된다.

♏. 스콜피오는 모든 빛을 삼켜버리고 단 하나의 색깔만을 남긴다. 블랙! 어둠의 심연처럼 끝을 알 수 없는 검은 빛깔은 가장 고매하고 우아한 색상이기도 하지만, 동시에 인간 심리의 가장 어두운 부분을 드러내는 색상이기도 하다.

♏. 스콜피오 비너스는 흔히 팜므파탈에 비유된다. 치명적인 매력의 여성이라는 의미의 팜므파탈은 스콜피오 비너스의 치명적이고 위험하고 알 수 없는 힘을 암시한다.

♏. 비밀은 스콜피오의 힘의 원천이다. 스파이는 가장 스콜피오적인 직업이다. 에리즈는 스파이보다 전사에 가깝다. 전사는 피가 끓지만, 스콜피오는 냉혈한의 피에 가깝다. 조직으로부터 암살 명령을 받은 채, 표적의 방문을 두드리는 영화 속의 스파이들은 일반적으로 우아하리만치 침착하고 절도와 매너를 갖춘 신사로 표현된다.

♏. 시종일관 조용하고 침착하고 냉정하게 일을 처리하는 영화 속의 스파이들은 목표한 일을 마친 후에도 같은 모습을 유지한다. 이들은 어쩌면 가장 깊은 명상에 빠진 상태로 보이기도 한다. 스콜피오는 자신의 힘을 가장 좋은 일에도 가장 독하고 악한 일에도 사용할 수 있는 극단적인 싸인이다. 독은 생명을 죽일 수도 있지만 때로 생명을 살리기도 한다.

♏. 스콜피오는 두 룰러인 마쓰와 플루토는 이들이 보복과 복수도 할 수 있음을 암시한다. 상처받은 스콜피오는 특히 위험하다. 이들의 감정을 상하게 하면 치명적인 위험이 따를 수 있다.

♏. 스콜피오의 파괴적인 힘은 전갈의 독에 비유된다. 전갈은 상대가 자신을 위협하지 않는다면 자신의 독을 함부로 사용하지 않는다. 이들은 오히려 사람의 인기척이 있을 때 땅속으로 숨는다고 알려져 있다. 그러나 상대가 자신의 생명을 위협한다면 독을 사용할 것이다.

♏. 스콜피오는 타인의 비밀을 간파한다. 이들은 꿰뚫어 보는 능력을 가졌다. 비밀을 가진 자는 비밀을 가진 자를 알아본다. 고도로 진화된 스콜피오는 타인의 비밀과 약점을 사적인 목적에 사용하지 않는다. 그러나 고매한 스콜피오는 타인의 비밀이나 약점을 알 수 있더라도 굳이 알려고 하지 할 것이다. 왜냐면… 그럴 필요가 없기 때문이다.

♏. 스콜피오와 대적할 수 있는 싸인은 12싸인 중 흔하지 않다. 왜냐하면 이들은 힘을 추구하는 싸인이면서, 케프리컨처럼 힘을 효과적으로 다루는 방법을 알고 있기 때문이다. 이들의 차이는 케프리컨의 권력의지는 세계와 외부를 향해있고, 스콜피오의 권력의지는 자신의 내면을 향해있다는 사실이다. 따라서 스콜피오는 막후에서 힘을 사용할 것이고, 케프리컨은 태양과 가까운 10번 하우스에서 사용할 것이다. 어퀘리어스를 만나면 스콜피오는 긴장한다.

♏. 스콜피오는 죽음의 땅을 의미하는데, 차가운 죽음의 땅속에 갇혀 있는 마쓰와 플루토는 깊은 땅속에서 끓고 있는 용암과도 같다. 스콜피오는 죽음에 의해서 땅속에서 부활을 기다리는 응집된 힘이다.

♏. 스콜피오와 같은 물의 요소를 지닌 캔서와 파이씨즈가 보이는 수용성은 스콜피오가 가진 물의 성질과는 완전히 다르다. 스콜피오는 보다 자기중심적이고 이기적이다. 캔서나 파이씨즈는 상호보완적인 측면에서 타인의 감정을 수용하려는 면이 있다. 그러나 스콜피오가 누군가를 좋아한다면, 자신의 모든 것을 줄 것이다. 그러나 배신한다면 대가를 치르게 될지도 모른다.

♏. 스콜피오는 감추어진 비밀을 밝히기 위해 위험을 무릅쓰기도 한다. 이들은 자신을 극단까지 몰아붙이거나 타인을 극단까지 몰아붙일 수 있는 사람들이다. 7번 하우스에 플루토가 위치한 사람들은 상대의 신체적 정신적 폭력의 피해자가 될 수 있거나 가해자가 될 수 있다.

♏. 스콜피오가 발달한 사람들은 기질적으로 혼자 있는 것을 좋아하며, 자신을 드러내지 않고 일을 하는 것을 즐긴다. 스콜피오는 이면의 진실을 알기 원하는 싸인이다. 이들은 사교클럽과 심리학회 모임 중 후자에 참가한다.

♏. 이들은 연구실이나 과학 수학연구 그리고 장의사나 배관공으로 일할 수도 있는데 이 직업들의 공통점은 모두 조용한 곳이나 음지에서 일하거나 어두운 곳에서의 일이라는 공통점이 있다. 이러한 일의 특성은 모두 타협이나 균형을 이루는 일과는 관계가 없다. 이들은 일반적이고 상식적이며 사회적으로 통용되거나 허용되지 않는 이면의 공간, 상황, 인간을 다루는데, 이것은 삶의 비밀 그리고 터부(taboo)와 연결된다.

♏. 스콜피오에게 예의상의 멘트는 곧 "초대받지 않는 손님" 같은 장면을 연출할 수 있다. 가령 동네에 이사 온 한 남성에게 옆집에 사는 사교적인 이웃이 지나가는 말로 한번 놀러 오라는 인사를 건넨 경우, 이 남성이 스콜피오라면 정말 그 집에 놀러 갈 수 있다. 정말 찾아올 거라고 예측을 하지 못했던 이웃이 만일 한 번 더 예의상 자주 놀러 오라고 인사한다면, 이 스콜피오는 같은 시간에 매일 옆집을 찾아갈 수도 있다.

♏. 스콜피오의 물은 복잡하고 미묘하다. 플루토의 성질을 화장실에 비유하는 점성학자가 있다면, 스콜피오가 인간의 가장 깊은 심층 무의식과 연관되어있다는 사실을 암시하려는 것이다. 따라서 이들은 관찰력이 뛰어나다. 사람을 꿰뚫어 보는 능력은 잘못 사용하면 파괴적이고 고통스러운 결과를 낳기도 한다. 만일 진화하지 않은 스콜피오라면 자신의 능력을 파괴적으로 사용하여 타인을 고통에 빠뜨릴 수도 있다.

♏. 진화한 스콜피오는 타인의 약점이나 비밀을 알아낸다고 해도 그들의 상처를 헤집지 않는다. 따라서 이들은 타인을 정신적으로 또는 육체적으로 치료해주는 의사나 힐러 등의 일에 종사할 수 있다. 특히 변형의 의미를 지닌 스콜피오는 정형외과 의사로서도 활약한다.

♏. 이들은 때로 타인의 고통에 냉소를 지을 수도 있는 사람들이다. 마치 어린 시절 비 오는 날에 땅 밖으로 나온 지렁이에게 소금을 뿌리며 관찰하는 아이들의 잔인성처럼, 이들은 타인의 고통을 보며 즐기기도 한다. 어린 시절 원하지 않는 폭력에 자주 노출되었던 트라우마를 위로받거나 치료받지 못한다면, 이들은 스스로 상처를 치유하기 위해서 아예 자신의 감정선을 닫아버리거나, 고통을 이기기 위해서 자신을 냉혹한 상태로 머물게 할 수 있다. 따라서 타인에게 받은 고통을 치유 받지 못한 트라우마는 다시 또 다른 타인에게 되돌려져서 냉혹한 행위로 표출될 수 있다.

♏. 진화된 스콜피오는 개인의 본능을 이겨내고 자신의 리비도를 고차원적으로 승화시킨 사람들로서 위대한 힐러가 될 수도 있다.

♏. 중도를 걷는 스콜피오는 없다. 독이 없는 전갈을 상상할 수 있을까? 이것은 절대 불가능한 것처럼 스콜피오는 언제나 극단적인 두 가지의 선택 중 한 가지를 선택한다. 그에게 타협이란 이 세상에서 가장 재미없고 심드렁한 일이다. 사람들이 아주 많은 장소에서도 굳이 타인에게 잘 보이려고 하지 않는 모습은 스콜피오를 하나의 섬으로 존재하게 한다. 때로 그는 눈에 띄려고 하지 않는데 더 두드러져 보인다. 그는 조용히 있어도 알 수 없는 힘을 느끼게 하는 존재이다. 따라서 강력한 스콜피오는 상대에게 알 수 없는 놀라움이나 존경심을 불러일으키는데, 이것은 갑자기 나타난 타란튤라를 보고 숨이 멈출 정도로 놀라는 사람들에 비유할 수 있다.

♏. 스콜피오는 연인에게 책임과 의무를 요구한다. 그는 오래가는 관계를 선호하고, 오래가지 않을 관계라면 시작하지 않았거나, 정성을 들이지 않을 것이다. 스콜피오의 극진한 사랑을 받는다면 그도 사실은 조건부의 사랑을 원하는 것이다. 그는 상대가 자신에게 존경심을 표하고 책임감을 느끼며 안정감을 주기를 원한다. 스콜피오의 집착은 한여름의 납량 특집 영화나 드라마의 단골 주제로 오싹하는 공포감을 주기도 한다.

♏. 드라큘라는 스콜피오적 인물이다. 그는 인간의 피를 먹고, 그에게 피를 빨린 인간은 드라큘라로 변신한다.

♏. 스콜피오 Asc를 가진 사람들의 배우자는 토러스 Dsc로 표현된다. 이들은 일단 파트너십을 이루면 웬만해서는 깨지 않는다. 그러나 만

일 이혼하게 되거나 파트너십이 깨지게 된다면 이들은 상대를 다시는 만나지 않을 것이다. 친구로도 남을 생각은 하지 않는 것이 좋을 것이다. 그는 다시는 절대로 당신을 찾지 않을 것이기 때문이다. 한번 끝이면 정말 끝나는 사람들이 바로 스콜피오들이다.

♏. 스콜피오는 상대의 척하는 태도에 대해서 단번에 간파한다. 이들은 교만의 이면의 모습을 보려고 조용하게 거울을 들이댈 수도 있다. 친절한 스콜피오라면 이렇게 한마디 할 수도 있다. "그 얼굴에 웃음 걷어!"라고. 만일 스콜피오에게 호감이 있다면 적어도 진실해야 한다. 그리고 진지해야 하고 깊게 내면을 성찰하는 모습으로 다가가야 한다. 얄팍한 모든 것에 대해 이들을 관심을 두지 않는다.

♏. 스콜피오는 매우 목표지향적인 사람들이다. 사랑에 있어서도 예외가 없다. 이들은 주도면밀하게 사전계획을 세울 것인데 이러한 모습은 토러스에게도 찾아볼 수 있다. 천궁도의 7번 하우스가 의미하는 배우자는 자신과 대극적인 상대로서 반대되는 정서, 반대되는 스타일, 반대되는 분위기를 가지고 있다. 가령 에리즈와 리브라, 제머나이와 쎄지테리어스, 캔서와 케프리컨, 리오와 어퀘리어스, 버고와 파이씨즈는 서로의 배우자가 되는 싸인들이지만 서로를 완전히 이해하는데 많은 갈등이 따른다. 그러나 토러스와 스콜피오, 스콜피오와 토러스의 경우는 배우자로서 서로 비슷한 면을 공유할 수 있는 사람들로서 대극 싸인이 지닌 첨예한 갈등에도 불구하고 가장 오래 파트너십을 유지할 수 있는 커플이다.

♏. 스콜피오의 알 수 없는 매력에 걸려드는 것은 거미줄에 걸려드는 불나방과도 같을 수 있다. 납치, 폭력 등 영원히 미궁으로 빠진 범죄는 부정적인 스콜피오의 발현이다.

♏. 스콜피오의 강력한 폭발력은 정확한 결과물을 얻어내기 위한 강력한 한방이기에, 승리의 확신이 없거나, 자신의 것으로 소유할 수 없다면 결코 드러내지 않을 힘이다. 케프리컨 역시 매우 목표지향적이고 성공 지향적인 사람들이다. 따라서 이들도 일을 수행하기 전에 철저한 준비를 하며 성공 가능성이 없는 일에 대해서는 도전하지 않는다. 그러나 스콜피오의 고요하고 잠잠한 긴 침묵의 시간은 플루토에게 전략의 시간이자 힘을 쌓는 시간일 것이다. 그는 본능적으로 모든 상황과 사람을 주시하고 분석한다. 어둠 속에서 바라보는 자는 태양에 환히 자신을 드러내는 사람의 모든 움직임을 포착할 수 있는 법이다. 그는 무표정으로 모든 것을 감추고, 상대에게 자신의 공격성을 철저히 감추고 있지만, 그의 내면에 끓고 있는 묘한 에너지는 상대에게 설명할 수 없는 두려움을 준다.

♏. 스콜피오는 쉽게 사랑에 빠지지 않는다. 이들은 절대적으로 신뢰할 수 있는 사람들을 좋아한다. 특히 자신의 감정을 위협하는 사람과는 좋은 감정으로 지내지 않는다. 만일 이들이 누군가와 사랑에 빠진다면 상대의 모든 것을 소유하려는 경향이 있다.

♏. 스콜피오의 직업 운은 어떨까? 이들은 비밀스럽고 드러나지 않는 직업을 선호한다. 특히 내면을 깊이 탐구하는 심리학자, 과학수사대,

재활용업자, 폐지수집가, 장의사, 마법사, 오컬티스트, 힐러, 외과 의사, 무대 뒤에서 일하는 사람 등, 간첩, 스파이, 노동자, 점성학자, 장의사, 해부학자, 장례식 종사자, 보험 세일즈맨, 군인, 배관 수리공, 하수도 수리공, 광산업자, 고고학자, 각종 연구원이나 조사원, 많은 땀을 흘리는 기자 등이 있다.

♏. 스콜피오는 상속과 유산의 싸인이다. 전갈자리 사람들은 목적의식과 운명의식을 알고 자신의 생명력을 타인에게 나눠주는 데 있어서 가장 진실된 행복을 찾는다.

♏. 스콜피오는 상상력이 풍부하고 열정적이며 감정적이고 미묘하고 지속적이며 강력하고 고집이 세고 양보하지 않는다.

♏. 스콜피오의 룰러인 플루토는 지하세계와 죽은 사람들의 고대신이다. 점성학에서 명왕성은 재생력을 관장하고 인생의 국면들의 시작과 끝을 주관한다. 이들은 자신들의 비밀과 질투로 타인들에게 분노를 일으키기도 한다. 이들의 날카롭고 독설적인 성질은 타인이 폭력을 일으키게 하기도 한다.

♏. 스콜피오의 키워드는 "나는 갈망 한다"이며, 행운의 숫자는 2와 4이다. 색상은 진홍색(Crimson)으로 표현되고, 금속은 플루토늄이다. 숫자 8은 여성수이며 유니버설 웨이트 카드의 8번 카드인 힘 카드를 의미한다.

§9. 쎄지테리어스(Sagittarius)

11월 22일 ~ 12월 21일

> ♐ 키워드 (Rulership:도마사일 ♃/익졸테이션-)
>
> 의사, 판사, 교수, 철학자, 출판업자, 외판원, 스포츠맨, 종교인, 허벅다리, 확장과 전진, 위험을 감수하는, 나무보다 숲을 보는, 초의식, 우주적 자아를 추구하는, 나는 자각한다. 친절하고 외향적이고 낙관적인, 행운의 기회를 자주 만나는, 일을 성취하기 적당한 시간과 장소에 있는 경우가 많은, 스포츠와 겜블을 사랑하는, 주사위를 던지는, 기꺼이 위험을 감수하는, 거시적인 안목을 가진, 영적 철학자, 카운슬러, 낙천적인, 낙관주의자, 식상기운이 있는, 마음은 집시, 배우자가 이해심이 넓어야 하는, 인생은 여행, 지나치게 확장하는, 비만의, 허벅지, 도그마에 사로잡히지 않는, 사리사욕에 집착하지 않는, 절망하는 일이 없는, 사기성 있

는, 각자(覺者), 현자, 진지하지 못한, "나를 구속하지 말라", 결혼해도 자유를 포기하지 않는, 현실보다 거대한, 책임감 없는, 독립적인, 오늘 해야 할 일을 내일로 미루는, 자유를 추구하는, 정신적 지도자, 너무 솔직해서 다른 사람의 약점까지 말해버리는 실수를 저지르는, 여성성을 배양해야 할 필요가 있는, 그루, 관념주의자, 잦은 여행을 하는, 해외의, 확장의, 풍요로운, 정신적 풍요를 누리는, 교주, 직선적인, 거짓이 없는, 말하는데 기교가 부족한, 꿈과 희망을 심어주는, 강한 신념을 가진, 축구선수, 무위 자유를 실천하는

♐. 불은 어두움을 밝히고 어두움을 몰아낸다. 불안과 근심을 정화한다. 불은 붉은 색과 밝은 노란색이 조화를 이룬 모습을 한다. 불은 퍼진다. 불은 변형시킨다. 불은 과거를 태우고 새로운 것으로 바꿈으로써 변형과 변혁의 의미가 있다. 갑작스럽고 전체적으로 상황과 물질을 바꾼다. 사람을 감화시키거나 사람의 정신을 강하게 변형시켜주는 힘을 가진 존재자가 바로 쎄지테리어스다. 불은 생명력을 의미하며 영혼의 에너지이자 행동이자 활력이고 생명력이다. 불은 삶의 의지를 북돋아주고 밝혀준다. 삶의 즐거움과 의미를 찾게 해주고 인생의 의미를 고무시켜주고 삶의 비전을 깨닫게 해준다. 불은 자신의 목표와 목적 그리고 정체성을 실현시킨다. 불은 변형과 탈바꿈 그리고 환골탈태의 에너지이다.

♐. 쎄지테리어스는 열정과 열의가 부족한 사람을 고무시키고 열망과 삶의 의미와 목적을 심어준다. 에리즈는 스스로 솔선수범함으로써 사람들을 진작시킨다. 리오는 사람들과 함께 불의 에너지를 동화시키고 한 울타리로 움직이게 하는 힘을 가지게 하는 것이다. 쎄지테리어스는 개개인 모두가 불의 에너지에 감동받고, 감화받고, 흠뻑 젖게 함으로써 모두가 불의 에너지를 느끼도록 한다.

♐. 쎄지테리어스에 많은 별을 가진 사람들은 구루나 스승들 그리고 사표들이다. 불의 쎄지테리어스는 솔직하고 진실하며 진솔하다. 숨기지 않고 있는 그대로 법을 설하고, 단도직입적이고 직선적이고 직접적으로 가르침을 준다. 완곡하게 말하거나 애매하게 돌려서 말하는 것을 좋아하지 않는다. 그는 성격이 급하기 때문에 애매하게 돌려서

말하거나 완곡하게 말하지 않는다. 서둘러서 자신의 세력을 확장시키려고 하는데 이들은 기획이나 구상하기보다는 우선 일을 벌이고 보는 기질이 있다. 자신감과 확신에 차서 큰 비전을 가지고 있는 쎄지테리어스는 대중을 감화시키는 강렬한 불로써, 그들을 움직이고 세상에 대해서 가장 자신과 확신을 가진 싸인이다.

♐. 쎄지테리어스는 여행이나 만행 또는 구도 또는 장거리 여행 또는 성지 순례를 한다. 밖의 세상을 보고 들음으로써 견문을 넓히고 박학다식하다. 이들의 단점은 교만하거나 허황되거나 망상에 빠지거나 사기성을 보이는 점이다. 왜냐하면 허황된 것을 추구하기 때문이다. 어스펙트가 몰픽에 걸리거나 힘이 없는 쎄지테리어스는 사이비 교주에게 속기도 하고 사이비 종교를 믿기도 한다. 쎄지테리어스는 숭고한 영혼과 고결한 정신을 추구한다. 우주적 생명력을 갈구하고 발산시킨다. 쎄지테리어스는 정직함을 모델로 하며 궁극적인 이데아로 삼는다.

♐. 에리즈는 남을 비평하면서, 그리고 자신이 이겨야 하고 돋보여야 하기 때문에 자신을 주장하는 경향이 있고, 리오도 남들의 모범이 되어야 하기 때문에 타인에게 쇼를 하면서 진실한 경향이 있지만 쎄지테리어스는 윤리와 도덕이라는 이상을 위해서 사람들에게 인류의 도덕과 윤리를 지키려면 정직해야 한다고 이야기한다.

♐. 에리즈는 자신을 위해서 하고, 리오는 조직과 함께하고, 쎄지테리어스는 걸림 없는 자유로 많은 대중들을 차별하지 않고 누구나 다 이끌어주어 무위 자유를 실천하는, 열정적인 모범의 표상이다. 미래에

대한 직관적 지각이 발달해있고, 비전을 갖추고 있으며, 이상을 드러내 보이며 미래의 청사진을 보여주는 사람이다. 쎄지테리어스와 쎄턴의 절묘한 결합은 영도자로서의 힘을 발휘하는데, 만일 그것이 교권으로 흐르면 교주가 될 수도 있다. 일반적으로 교황들은 9번 하우스에 쎄턴이 있는 경우가 많다.

♐. 죽어가는 생명을 살리고 보호하려는 마음은 켄트싸우르스의 정신을 물려받은 쎄지테리어스가 가장 강하다. 따라서 의사나 목사 등, 육체뿐 아니라 영혼까지도 아우르는 생명을 아끼는 것이 쎄지테리어스의 정신이다. 그래서 목사나 성직자 의사나 법관 등은 쎄지테리어스가 많다.

♐. 에리즈와 리오가 보여주려고 하는 일종의 쇼맨십이 있는 반면, 쎄지테리어스는 남들에게 보이려는 마음이 없다. 뮤터블 기질은 이들을 온화하게 한다. 따라서 자신을 반드시 드러내려고 하기보다 끝 무렵에 나타나서 정리를 하려고 하고, 사람들에게 의미 있는 이정표를 찍어주는 사람들이 쎄지테리어스다.

♐. 불싸인 중에 에리즈는 급하고 먼저 나선다. 이들은 선봉장이다. 그러나 쎄지테리어스는 선구자며, 리더는 리오다. 선구자나 선지자(Seer)는 미래를 보여주고 비전을 제시하는 사람들이다. 그러나 이들 세 싸인은 모두 불의 정신을 드러내 보임으로써 사람들에게 불의 정신을 인식시키고 자각하도록 한다. 그래서 불은 통제력을 잃을 때가 있기 때문에 너무 지나치고 허황된 이야기를 하는 사람들이 쎄지테리어

스다. 너무 지나치게 앞서가기 때문에 말하지 말아야 할 것을 미리 말하기도 한다. 즉 자신의 통제력을 잃어버림으로써 불이 너무 급진적으로 나아가버리기 때문에 행동보다 말이 빨리 나가는 경우가 발생한다.

♐. 쎄지테리어스는 교육의 별로서 사람들에게 정신적 고취를 시켜준다. 그래서 스스로 자각하고 깨어나도록 하는 것이 쎄지테리어스의 삶이다. 영혼을 고취시키는 정신의 각성자이자 계몽자가 쎄지테리어스이다. 그는 철학을 중시하고 보다 깊은 사고와 폭넓고 심오한 사고를 하는 자로서 두려움을 몰아내고 마음의 정직성을 숭상하고, 약동하는 생명력, 삶에 대한 예찬, 인생에 대해서 긍정적으로 생각하는 사람이고 낙관적 삶을 사는 사람이다. 이들은 좌절하더라도 다시 일어나려는 회복력과 복구성 즉 치유력이 있다. 자기 스스로 병을 치유할 수 있는 자생력이 있는 사람이다. 만일 9번 하우스에 버고 쎄턴을 가지는 등 쥬피터가 흙의 기운을 받으면 인내력을 얻는다.

♐. 어퀘리어스는 시대정신에 따른 전 인류적인 커뮤니티를 기본으로 한다. 쎄지테리어스는 조직이나 단체 또는 커뮤니티를 지정하지 않는다. 임의의 사람들이 그 대상이다.

♐. 어스펙트가 몰픽(Malfic)에 걸리거나 힘이 없는 쎄지테리어스는 사이비 교주에게 기도하거나 사이비 종교를 믿기도 한다. 숭고한 영혼과 고결한 정신을 추구한다. 우주적 생명력을 갈구하고 발산시킨다. 쎄지테리어스는 정직함을 모델로 우주적 생명력을 갈구하고 발산시킨다. 쎄지테리어스는 정직함을 모델로 하여 궁극적인 이데아로 삼는다.

♐. 9번 하우스의 쎄턴은 교황이다. 생명을 살리는 능력도 쎄지테리어스가 가장 강하다. 영혼의 생명과 육체의 생명을 사랑하는 마음은 이들이다. 목사, 성직자, 의사, 법관이 쎄지테리어스가 많은 이유도 그렇다. 에리즈는 몸소 보이고 리오도 몸소 보이는데 쎄지테리어스는 말로 하는 경향이 있다. 이것이 장단점이 될 수 있는 것이다. 이것은 뮤터블의 영향 때문이고 온화한 성향도 여기서 나온다. 자신을 반드시 드러내기보다는 끝 무렵에 나타나서 정리를 해주고 사람들에게 의미 있는 이정표를 찍어주는 사람이 쎄지테리어스다. 불은 통제력을 잃을 때가 많기 때문에 너무 지나치게 앞서감으로써 천기누설을 할 수 있다는 단점이 있다. 행동보다 말이 빠른 경우가 발행할 수 있다. 무책임하고 사기꾼처럼 느껴질 수 있는 사람들이 쎄지테리어스다. 쎄지테리어스가 사기성이 있는 이유는 바로 이것이고 파이씨즈도 이런 점을 공유한다.

♐. 쎄지테리어스 싸인은 불 싸인에 속하는 것으로 불의 기운을 가지고 있다. 불은 세 가지가 있는데 그 성향에 따라 카디널의 불, 픽스드 불, 뮤터블 불이 있다. 쎄지테리어스는 뮤터블 불에 해당한다. 뮤터블 불이란 무엇인가? 이것은 유동성 있는 불을 의미한다. 유연하고 노련하며 경륜과 연륜이 있다. 불이 지극히 밝고 순수해지면 뮤터블의 불이 된다. 그래서 쎄지테리어스는 경륜과 연륜의 불을 가진다.

♐. 쎄지테리어스 싸인의 상징은 켄타우로스라는 거인족 말을 상징으로 만들어진 싸인이다. 켄타우로스는 반인반마로써 인간의 상체와 말의 하체를 가진 거대 말이다. 말에게 가장 중요한 점은 더넓은 들판

을 뛰어다닐 수 있는 자유이듯이, 쎄지테리어스에게 가장 중요한 것이 자유이다.

♐. 그리스 로마 신화에서 케이론과 같은 아키 타입으로부터 파생된 종족으로서 쎄지테리어스는 본질적으로 치유의 힘을 가지고 있다. 불은 인도 요가 명상에서 카르마를 정화하는 힘을 지닌다고 전해진다. 아그니신은 불의 신으로 카르마를 정화한다. 질병을 치유하는 의사나 정신을 힐링해 주는 치유사는 쎄지테리어스의 영향을 많이 받는다.

쥬피터가 각각 7번 하우스와 8번 하우스에 있는 경우의 예

일란성 쌍둥이인 두 고객이 있습니다. 이들은 몇 분 차이로 같은 날에 태어난 사람들입니다. 그러나 단지 몇 분 차이일 뿐인데도 인생에 중대한 변화를 일으키기 충분할 만큼 차트가 달라질 수 있습니다. 한 명의 쌍둥이는 7번 하우스에 쥬피터를 가지고 있는 반면, 쌍둥이 중 다른 한 명은 8번 하우스에 쥬피터를 가지고 있습니다. 두 사람 모두 카디널의 T-스퀘어를 가지고 있습니다. 그것은 두 쌍둥이 모두 썬과 우레너스의 컨정션이 쥬피터와 넵튠을 각각 스퀘어로 걸고 있는 T-스퀘어였습니다. 이들은 모두 평화롭거나 현실적인 관계가 주는 편안함을 누리지 못했습니다. 이들은 어떤 관계에 있어서도, 처음에는 지나치거나 낙관적입니다. 그러나 어느 정도 시간이 흐르면 그들의 관계나 결혼은 악화되기 시작합니다. 7번 하우스에 쥬피터를 가진 고객은 35살까지 모두 다섯 번의 결혼을 했습니다. 8번 하우스에 쥬피터를 가진 다른 여성은 단지 한 번의 결혼을 했을 뿐입니다. 8번 하우스의 쥬피터는 경제적인 연합을 의미하기 때문에, 이들의 관계는 주로 경제적 안전에 기반을 두고 있습니다.

일란성 쌍둥이로서 이들의 삶 속에서 일어나는 많은 일들이 유사합니다. 그러나 이들의 삶은 7번 하우스의 쥬피터 대 8번 하우스의 쥬피터 사이에서 차이를 보여줍니다. 만일 재혼 여부를 알고 싶어하는 고객의 7번 하우스 커스프 싸인이 쎄지테리어스이거나, 룰러가 쥬피터인 경우가 있습니다. 이 경우에 점성술사는 거의 항상 "네"하고 대답할 것입니다. 중략…

서양예측점성술의 기예(The art of predictive astrology)
P.99~100 참조/ 캐롤 러쉬맨 저. 로즈 임지혜 역

♐. 쎄지테리어스는 낙관적 성향을 지닌 미래주의자들이다. 그의 상징인 말 위에 앉아있는 궁수가 자신의 활시위를 하늘 높이 향하여 당기고 있는 모습은 이들의 미래지향적 성향을 엿보게 한다. 불의 성향을 가진 이들은 지나간 일에는 연연하지 않는다. 앞에서 거론한 것처럼, 쎄지테리어스의 상징은 반인반마의 켄타우로스 중에서도 가장 현명하고 지성적이며 의사이기도 했던 케이론은 헤라클레스가 실수로 쏜 독화살에 맞아 심한 고통을 당했지만 반신(反神)이었기 때문에 고통만 느낄 뿐 죽지도 못했다. 이렇게 높은 정신을 가졌지만, 인간의 신체를 가지고 태어났기 때문에 물질 세상과 정신세계의 어느 한 곳에도 완전히 속하기 힘든 것이 쎄지테리어스의 운명이다.

♐. 쎄지테리어스들은 사랑을 그다지 중요하게 생각하지 않는다. 이들은 사랑마저도 자신의 정신적 영역을 확장시키는 것보다는 중요하지 않다. 따라서 이들은 자신을 가두지 말라고 간절하게 외친다. 쎄지테리어스 비너스가 당신의 연인이라면 이들에게 많은 책임감을 요구하지 않는 편이 낫다. 솔직히 이들은 사랑을 정말 중요하게 생각하지 않는다. 이들은 사랑을 거부하지는 않는다. 오히려 이들은 사랑에 열렬하고 사랑이 주는 다이내믹함을 즐긴다.

♐. 사실과 지혜는 동전의 양면과도 같다. 쎄지테리어스의 대극 싸인인 제머나이는 사실을 사랑하고, 쎄지테리어스는 지혜를 사랑한다. 지혜는 사실을 기반으로 하지만 사실이 반드시 지혜를 의미하는 것은 아니다. 그러한 점에서 쎄지테리어스의 룰러인 쥬피터가 파이씨즈의 룰러이기도 하다는 점을 눈여겨볼 필요가 있다. 대양(大洋)의 파이씨즈는 끊임없이 타인 또는 자신을 둘러싼 상황과 환경에 이끌려 들어감으로써 거짓, 사기, 기만에 반복적으로 현혹당할 수 있다. 타인의 말을 쉽게 믿어버림으로써 사기나 속임수에 넘어가고 그로 인해 감내해야하는 반복적인 정신적 물질적 고통을 통해서 결국 옳고 그름의 범주를 초월하게 되고 우주적으로 확장될 운명을 지닌 싸인이다.

♐. 쎄지테리어스는 해외여행을 관장한다. 특히 7번 하우스가 쎄지테리어스의 지배를 받거나 7번 하우스의 룰러가 9번 하우스와 좋은 각으로 연결되어있다면, 개인은 외국에서 결혼하거나 외국인과 결혼할 수 있다. 여행을 즐기는 쎄지테리어스에게 여행은 가방을 메고 떠나는 여행과 책을 통한 방대한 정신의 여행이 있다. 특히 쎄지테리어스

의 하우스인 9번 하우스에 마쓰나 쎄턴과 같은 흉성이 자리하고 있다면 해외여행에서의 사고를 조심해야 한다.

♐. 연애에 있어서 물과 흙이 많은 사람들은 쎄지테리어스의 밀당을 하느라 스트레스를 받을 수 있다. 결과적으로 둘은 잘 맞지 않는 커플이다. 불과 바람이 많은 사람들은 이들과 잘 어울리는 커플이 될 수도 있다. 에리즈와 쎄지테리어스는 청년이 주말에 종교의 스승을 만나러 가듯 합이 잘 맞는다. 에리즈의 공격성을 쎄지테리어스는 어리광으로 받아넘길 수 있는 여유와 자질을 가지며 특히 쎄지테리어스의 낙천주의는 에리즈의 도발에 그다지 흥분하지 않는다.

♐. 스콜피오가 깊이와 강력함의 싸인이라면, 쎄지테리어스는 확장의 싸인이다. 그는 인생을 깊이 있게 바라보고 모든 사건과 상황으로부터 삶의 지혜와 진리를 찾으려고 한다. 그는 인생을 넓은 그림으로 바라봄으로써 높은 스승으로서 위치한다. 이들은 교수로서, 법조인으로서, 의사로서, 종교인으로서, 기업인으로서 일하는데 이 직업들의 공통점은 모두 윤리성이 강하게 연관되는 직업이다.

♐. 이들은 여행을 통해 정신과 지리적 공간적 활동영역을 넓히기를 좋아한다. 이들은 학문을 통한 내적 성찰과 다양한 사고와 깊은 사고를 통해 의식을 확장한다. 지나친 물질적인 시선이나 사고로는 이들을 이해하기 어렵다. 과거 농사가 삶의 근본이었던 시대에 쎄지테리어스의 룰러인 쥬피터는 대길의 신, 구세주 또는 비를 내려주는 신 등의 이름으로 불렸다. 사람들은 쥬피터에게 비가 오기를 기도했다.

♋. 쎄지테리어스는 활을 쏘는 인마(人馬)로서 드넓은 벌판을 달린다. 그는 구속을 매우 싫어한다. 축구 선수들 중에 쎄지테리어스 싸인을 지닌 사람들은 축구장을 누빈다. 쎄지테리어스는 자유를 갈구하고 향유하는 별자리이다.

♋. 쎄지테리어스는 확장의 귀재다. 학문이나 책을 통한 다양하고 깊은 사고를 통해서 의식을 확장한다. 또한 지리적 여행을 통해서 그는 새로운 문화와 새로운 사람들을 경험함으로 지리적이고 문화적 영역을 확장한다. 룰러인 쥬피터와 달이 어스펙트를 이룬 경우 음식이나 술을 과다하게 먹는 습관으로 간에 문제가 생길 수 있다. 2번 하우스와 연관된 쥬피터는 많은 돈과 관련된다.

♋. 쎄지테리어스가 중시하는 확장성은 높은 스승으로서 그의 역량이 방대한 영역을 아우르고 있음을 의미한다. 내면에 굳은 신념을 가졌지만, 겉으로는 무척 낙관적인 모습을 한 쎄지테리어스는 종교계의 성직자나 철학자, 그리고 법관이나 의사 또는 세일즈맨 등의 직업을 갖는다.

♋. 쎄지테리어와 연애를 하게 된다면, 그에게 너무 많은 책임감을 요구하지 않는 편이 바람직하다. 쎄지테리어스는 낙관적이고 관대하기 때문에 연인에게 많은 약속을 할지도 모른다. 그러나 그것을 그대로 믿다가는 크게 실망할 수 있다. 그는 너무 많은 약속을 하고, 어쩌면 자신이 한 약속을 모두 잊고 있을지도 모른다. 또한 쎄지테리어스의 정직성은 연인에게 기교 없는 말을 냉큼 뱉어낼지도 모른다.

❧. 현실에서 파이씨즈는 물질적으로 불안정한 위치를 차지하는 경향이 있다. 물질과 정신을 소유하는 것이 힘의 척도로 여겨지는 현실 사회에서 파이씨즈는 잘 적응하지 못하는 경향이 있다. 쎄지테리어스가 종교 철학을 관장하는 것처럼 파이씨즈는 휴식과 명상을 관장하는 동시에 불능과 거짓과 기만 고통과 상실을 의미하는데 이러한 상실의 고통과 거짓과 기만으로 인한 고통은 개인이 우주적 통합과 우주적 사랑으로 이르는 기반이 된다는 모순을 지닌다.

❧. 쎄지테리어스에게 가장 중요한 무엇보다도 그들이 윤리와 도덕성을 가진 사람들이라는 사실이다. 이들은 신념의 사람들이고 많은 행운을 가진 사람들이지만 윤리성과 도덕성은 이들을 물질적 유혹에서 벗어나게 한다. 그러나 쥬피터가 어플릭트 되어있다면, 이들의 낙천주의는 사기성과 도박으로 빠질 가능성도 있다. 교육가이자 철학자이자 종교인인 이들은 기업인의 자질도 가지고 있다. 만일 기업윤리를 아주 강조하는 기업가가 있다면 그는 강한 쥬피터를 가진 사람일 가능성이 있다.

❧. 쎄지테리어스의 룰러인 쥬피터는 거대한 행성이다. 따라서 쥬피터가 머무는 어떤 하우스든지 거대함과 풍요로움을 맛보게 될 것이다. 7번 하우스에 쥬피터는 좋은 배우자를 만나거나 여러 번의 결혼을 하게 된다. 부유하거나 좋은 커리어를 가진 배우자를 만난다. 물론 행성의 힘이 강하고 좋은 각들로 연결되어있다는 전제가 필요하다. 이들은 배우자가 바람둥이일 수 있다. 8번 하우스에 쥬피터를 지닌 사람들은 배우자의 유산을 상속받거나 배우자의 자산에 의해 풍요로

움을 맛볼 수 있다. 1번 하우스에 쥬피터를 갖고 태어난 사람들은 헤르만 헤세처럼 어린 시절 천국에 살았을 수도 있다.[8] 3번 하우스의 쥬피터를 가진 사람들은 초등학생 때부터 세계문학전집을 늘 끼고 살았을 수 있으며, 어린 나이부터 신문을 읽거나 철학자들에 대해서 말하는 조숙한 아이들이었을 가능성이 있다. 이들은 많은 친구에 둘러 싸여서 학생이면서도 또래 아이들보다 조숙한 조언자였을 수도 있다. 4번 하우스의 쥬피터를 가진 사람들은 풍요롭고 교육적인 가정의 분위기 속에서 살았을 것이다. 이들은 어렸을 때부터 부모님을 통해 통합적인 사고를 익혔을 가능성이 있고 특히 관대하고 천리안이 있을 것 같은 어머니가 미래를 내다보고 이들을 교육시켰을 수 있다. 5번 하우스의 쥬피터를 가진 사람들은 고도의 창조정신과 무한한 기쁨을 가진 사람들이다. 이들은 높은 학문을 통해서 지성과 창의력을 발현한다. 또한 이들의 자녀는 뛰어난 지성인이 될 수 있다. 6번 하우스의 쥬피터를 가진 사람은 도덕과 윤리 정신이 풍요로운 고용인을 만날 수 있으며, 봉사 정신이 뛰어난 사람으로 비교적 약자들을 위해 일하려는 마인드를 가진 사람일 수 있다. 8번 하우스에 쥬피터를 가진 사람들은 오컬트 등 신비주의자들을 만날 기회가 많으며, 본인이 그런 위치에 오를 수 있 많은 사람이다. 위험한 상황에서 이 사람에게만 신의 가호가 내려서 살아남는 행운을 얻을 수도 있다. 9번 하우스에 쥬피터를 가진 사람들은 많은 여행의 기회를 가지며 우연히 여행 중 들린 카지노에서 행운을 가질 수도 있으며 타인의 정신적 스승이 될 가능성을 가진다. 특히 외국에서 교육을 받거나 외국에서 자신의

---

8) 헤르만헤세는 1번 하우스에 쎄지테리어스 쥬피터를 가지고 있다. 그는 "나는 어린 시절 천국에 살았다." 라고 말할 정도로 행복한 어린 시절을 보냈다고 한다.

스승을 만날 가능성도 있다. 10번 하우스에 쥬피터를 가진 사람들 경력에서 많은 행운을 받는 사람들이다. 이들은 자신이 스스로 기업이나 큰 조직에서 중역진의 위치 이상으로도 올라가 있으며, 그러한 사람들과 인연을 맺을 기회가 많다. 11번 하우스에 쥬피터를 가진 사람들은 모임에서 많은 유명인을 만나기도 하며, 자신이 유명인일 수도 있다. 윌리엄버틀러예이츠는 11번 하우스에 쎄지테리어스 쥬피터를 가졌었다. 그는 인생동안 지성과 철학계의 많은 유명인사들을 만났으며, 그들은 오스카와일드, 블라바스키여사, 에즈라 파운드 등의 인사들이다. 12번 하우스에 쥬피터를 가진 사람들은 적이었던 사람이 자신을 도울 수 있으며, 가장 좋지 않은 장소에서 정신적 스승을 만날 수도 있으며, 오랜 병원 생활 끝에 결국 회복할 수 있으며 위기에 순간에 구사일생으로 살아나는 사람들이다.

♐. 쎄지테리어스는 사랑을 가볍게 생각하는 경향이 있다. 이들은 관대하고 낙천적이며 정신적으로 초월지를 추구하는 사람들로서 사람들에게 인기가 있다. 따라서 이들과 연인이 된다면 정신적인 자유와 철학적 사유를 공유하게 될 것이다. 자유와 모험을 경험할 수 있다. 이들은 넓은 마음의 소유자로서 많은 사람들과의 친교를 추구한다.

♐. 리오와 쎄지테리어스는 왕과 왕사(王師)[9]의 만남이다. 왕의 제자인 리오는 쎄지테리어스에게 조언을 구하고, 스승이자 한나라의 백성인 쎄지테리어스는 왕이자 제자인 리오가 국사를 잘 이끌어갈 수 있

---

9) 왕사: 임금의 스승

도록 정신적인 신념과 바른길을 안내한다. 쎄지테리어스의 창조적 정신과 넓은 학문과 구도자로서의 바른 정신은 리오를 통해서 왕국에 현현될 수 있다.

♐. 쎄지테리어스 연인이 한 모든 약속을 전부 믿지는 않는 것이 좋다. 낙천적인 이들은 연인에게 많은 약속을 하지만 이들은 자신의 한 약속을 곧 잊어버린다. 이들은 연애의 즐거움을 사랑하지만 연애가 집착으로 흐르면 외부로 눈을 돌리는 경향이 있다. 그러나 이들은 물질 창조의 능력을 가졌지만, 이들은 보다 더 정신적인 삶을 추구한다. 정신적인 사람들이지만, 물론 이들은 원하면 물질을 벌어들일 수 있지만, 굳이 그렇게 하지 않는지도 모른다. 이들이 연인에게 공수표를 남발하는 것이 사랑의 물질적인 측면을 중요하게 생각하지 않기 때문일 수도 있지만, 연인으로서 이들은 썩 바람직한 상대라고 볼 수는 없다. 정신의 구도자로서 이들은 어쩌면 정착할 수 있는 안전한 연인은 아니기 때문이다. 그러나 모험을 원하고 서로의 자유를 허용해준다면 연인이 될 수도 있다. 그러나 쥬피터가 어플릭트 되어 좋지 않은 상태에 있고 더욱이 힘이 없다면, 이들은 사랑의 도박꾼이 될 수도 있다.

♐. 쎄지테리어스는 종교와 철학 그리고 법과 교육 분야에서 타고난 지도력을 발휘한다. 이들은 광활하고 각성된 정신을 통하여 큰 리더십을 발휘한다.

♐. 쎄지테리어스의 학문은 고등교육을 마친 이후, 대학 교육에서부터 시작된다, 우리가 대학에 들어가면 자신의 전공을 선택하고 한 분

야에 대해서 보다 더 전문적인 지식을 공부한다. 고등학교 시절까지 개괄적이고 다양하게 습득했던 지식을 뛰어넘는 것이다. 그래서 쎄지테리어스는 한 분야에 대해 좀 더 깊게 파고들어 그 분야에서 실전 능력을 넘어서서 철학이나 지혜까지도 얻는다.

♐. 쎄지테리어스는 금전적으로 풍요로움을 누린다. 그러나 쎄지테리어스는 자신에 대한 확고한 신념과 도덕성을 가진 싸인이다. 따라서 그 돈이 자신의 신념이나 도덕성에 위배된다면 절대 취하지 않는다. 이들은 돈을 못 벌어서 안 버는 것이 아니라 돈을 벌 수 있어도 벌지 않는 것일 수도 있다.

♐. 쎄지테리어스는 종교 철학 학문과 법 분야에서 탁월한 능력을 발휘한다. 특히 10번 하우스에 쥬피터가 자리한 사람들은 사회적으로 높은 커리어를 얻는다. 특히 자신의 일터에서 높은 커리어나 풍요로운 사람들을 많이 만날 기회를 가지고 쥬피터의 각이 좋다면 이들로부터 많은 도움을 받기도 한다. 11번 하우스에 쥬피터를 가진 사람들은 모임을 열면 많은 사람들을 만날 수 있다. 12번 하우스가 쎄지테리어스나 쥬피터인 사람들은 명상센터나 요양원 등을 운영함으로써 어려운 사람들의 귀인으로 활동할 수 있다. 쥬피터가 9번 하우스에 위치한 사람들은 탁월한 교육자로서의 리더십을 발휘한다. 8번 하우스에 쥬피터가 위치한다면 이들은 오컬티스트, 외과의사, 심층심리학자로서 활약할 수 있다. 7번 하우스에 쥬피터가 위치한 사람들은 부유하거나 좋은 커리어를 가진 배우자를 만날 수 있다. 6번 하우스에 쥬피터를 가진 사람들은 고용인들로부터 도움을 받을 수 있고 좋은

고용인을 만날 수 있다. 5번 하우스에 쥬피터를 가진 사람들은 창조적인 분야에서 자신의 기량을 발휘할 수 있다. 4번 하우스에 쥬피터를 가진 사람들은 교육 관련, 종교 관련 사무실을 운영하면 길운이다. 3번 하우스에 쥬피터를 가진 사람들은 작가로서 역량을 발휘할 수 있다. 2번 하우스에 쥬피터를 가진 사람들은 풍요로운 금전운을 가지고 있다. 1번 하우스에 쥬피터를 가진 근본적으로 낙천적이고 확장된 마인드를 가진 사람들로서 어려운 일이 닥쳐도 이겨낼 수 사람들이다.

♐. 쎄지테리어스의 건강 운은 어떨까? 1번 하우스는 모든 하우스에 영향을 미친다. 따라서 1번 하우스가 쎄지테리어스에 의해서 지배되거나 1번 하우스에 쥬피터가 있는 경우 이 사람은 근본적으로 건강 체질일 가능성이 높다. 특히 비만에 주의해야 하며 쥬피터가 어플릭트 되어 있는 경우 음주로 인한 간 질환을 주의해야 한다. 6번 하우스에 쎄지테리어스나 쥬피터는 이 사람이 잔병치레를 잘 하지 않음을 의미한다. 설혹 병에 걸릴지라도 곧 재생능력이 뛰어나다. 8번 하우스에 쎄지테리어스나 쥬피터가 있는 사람들은 수술 운을 잘 넘길 수 있다. 설령 수술을 받게 된다고 할지라도 좋은 의사를 만나서 만족할 만한 결과를 얻을 수도 있다.

§ 10. 케프리컨(Capricorn)

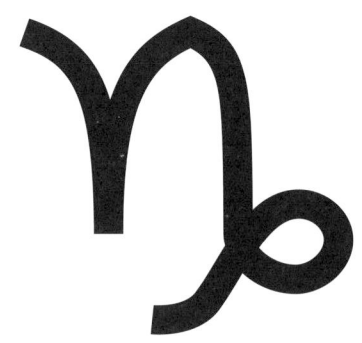

12월 22일 ~ 1월 20일

♑ 키워드 (Rulership:도마사일 ♄/익졸테이션 ♂)

성공에 대한 강력한 의지, 규칙을 엄수하는, 선을 분명히 긋는, 물질적인, 야망이 큰, 행정가, 권위, 뼈대 있는, 족보 있는, 체계, 합리주의, 지칠 줄 모르는 정력의, 삼대 째 이어지는 전통을 가진, 조직의 수장, 전통을 고수하는, 권위, 보수주의, 과거를 잊지 못하는, 유죄판결을 받은, 조용히 살다, 기강, 질서, 체계, 형식주의, 공무원, 중역, 사회 지도급 인사, 즐겁지 않은 일도 책임감으로 하는, 절제되고 엄격한 삶, 가문, 가보, 엄격한 아버지, 헌신, 믿음, 신용, 골동품, 가난, 냉담함, 비난, 처벌, 고립, 병, 재판, 운명의 굴레, 고통, 반성문, 수구주의, 냉철한, 냉혹한, 잔인한, 긴축정책, 끊임없는 책임감, 즐거움 없이 일하는, 죽음, 왕따 취급을 받는, 고질병, 간수, 학생주임, 어렵고 보수가 적은 일, 체벌, 노인, 겸손함, 노화, 애늙은이, 류마티즘, 관절염, 뼈, 치아, 골격, 무덤덤한, 고독한, 바위, 추운, 너무 일찍 생계를 책임진, 소년 소녀 가장, 반드시 다다르는 곳, 죽음, 질병, 자업자득, 중노동, 침묵, 냉정함, 감상적인, 쓸쓸한, 상관, 조직의 수장, 테스트, 죄와 벌, 명예와 몰락, 정치, 어려운 일에 단련된, 상대의 감정을 고려하지 않는, 때로는 감상적인, 중년의 빛나는 신사, 체계적인, 계획적인, 규칙을 엄수하는, 고통을 이겨내는, 세상사에 닳아빠진, 나이든, 평판이 훌륭한, 명예를 중시하는, 직장상사, 전략가, 경력, 아랫사람에게 단도직입적으로 말하는, 동정심을 보이지 않는, 과묵함, 기회를 놓치지 않는, 기회가 올 때 잡을 수 있도록 많은 준비가 되어있는

♑. 쎄턴은 10개의 행성 중 쥬피터 다음으로 큰 행성이다. 케프리컨은 고난과 한계, 걸림돌과 긴축과 제한이라는 의미를 가지는 동시에 성공, 마스터의 의미를 갖는다. 케프리컨의 룰러인 쎄턴에 대해서 우리가 갖는 느낌은 일종의 불편함이다. 이러한 불편함마저도 인내로써 이겨낼 것을 요구하는 것이 쎄턴이다. 시간의 신을 의미하는 쎄턴은 결국 모든 인간의 끝은 죽음이라는 당연한 법칙을 만든다. 따라서 쎄턴은 한평생 삶은 산 사람들은 누구나 인생의 마스터라는 심오한 의미를 전해준다.

♑. 케프리컨은 인체의 무릎에 해당한다. 무릎은 겸손한 태도와 관계 있다. 무릎을 구부리고 인사함으로써 겸손함을 표현할 수 있기 때문이다. 나이가 들어 얻는 병인 관절염이나 류마티즘은 쎄턴의 그림자가 만든 병일 수도 있다. 혹자는 대체로 나이가 들어 생기는 병인 관절염을 노년이 될수록 무뎌지는 감정 때문이라고 말하기도 한다. 따라서 뻣뻣함은 나이 듦의 일반적인 상징일 수 있고, 유연함은 젊음의 상징으로 볼 수 있다. 따라서 나이가 들어서도 늙지 않는 방법 중 하나는 겸손과 유연한 감정을 잃지 않는 것이다.

♑. 케프리컨은 성공을 위해서 산다. 그는 권력을 얻어서 힘을 획득하고자 한다. 그는 엄청난 야망가이다. 그의 인내와 의지는 성공할 때까지 노력하기 때문에 이들은 결국 인생에서 성공을 한다. 권력이란 무엇인가? 권력은 단순한 힘을 넘어서 타인을 지배하거나 복종시킬 수 있는 공인(公人)된 힘이다. 따라서 개인의 차트에서 잘 배치된 케프리컨은 정치인이나 국가 관련 단체 또는 기업의 회장이나 중역 등

관리자의 위치를 얻기도 한다.

♑. 케프리컨은 실질적이고 현실적이며 결과를 중시하는 싸인이다. 그는 뛰어난 현실감각과 미래에 대한 뚜렷한 청사진을 가지고 모든 일에 임한다. 성공 가능성이 없거나 실현 불가능한 일은 시작하지 않는다. 그는 성공의 계획을 치밀하게 그리고 구조적으로 짠다. 그의 한발 한발은 모두 철저한 계획에 의해서 옮겨지는 걸음이다.

♑. 케프리컨의 성공과 힘에 대한 야망 못지않게 성공을 지향하는 싸인이 에리즈이다. 그러나 계획 없이 열정만으로 움직이는 사람이 에리즈라면, 케프리컨은 조심스럽게 돌다리도 두드려보면서 걷는 사람들이다. 만일 성공이 가능하다면 비탈길도 기꺼이 오른다. 필요하다면 외길 낭떠러지의 위험을 기꺼이 감수하며, 결코 서두르는 법도 없다. 마치 탑을 쌓듯이 완벽한 설계도를 가지고 임하는 그는 공들여 쌓은 탑이 작은 구멍 하나 때문에 결국 무너져버린 동화 속의 댐이 되지 않도록 자신의 계획을 철저하게 타진(打診)하면서 조심에 조심을 기울여 실행한다.

♑. 긴축을 의미하는 쎄턴이 개인의 2번 하우스에 있다면 그는 매우 근검절약하는 사람이다. 오랜 시간을 긴축하며 알뜰하게 돈을 모으는 이들은 돈을 쉽게 벌지는 못한다. 그러나 일단 들어온 돈을 절약하고 저축하는 과정을 통해서 결국 재산을 일군다.

♋. 쎄턴이 리브라에 위치하는 사람들은 겸손한 사람들이다. 이들은 인내와 참을성 겸손함을 가지고 타인을 대한다. 관계에서 가장 필요한 것은 바로 위의 세 가지가 아닐까? 이들은 절도 있는 태도를 가진 신사(숙녀)들 이다. 이들은 여러 사람과 대화할 때 시종일관 진지함을 유지하는 편이다. 또한 자신에 대하여 엄격한 사람들이다. 이들은 다른 사람의 말을 중간에 자르거나 갑자기 대화에 끼어드는 일은 하지 않는다. 상대의 말에 진지하게 귀를 기울이기 때문에 이들의 관심을 끌거나 이 사람을 이기기 위해서 도전적인 태도를 취할 필요는 없을 것이다. 그러나 이들이 결혼한다면 배우자를 보다 더 따뜻하게 대해줄 필요가 있다. 결혼은 규칙보다는 사랑이 더 필요한 관계이기 때문이다.

♋. 케프리컨은 다른 흙 싸인들과는 다르게 미래지향적인 싸인이다. 케프리컨의 흙과 카디날 운동성은 그로 하여금 성공에 강하게 집착하게 한다. 또한 흙의 인내심과 카디날의 거침없는 성격은 냉혹한 리더이며, 또한 성공의 과정을 철저하게 경험한 마스터 급의 실무자이다. 그는 진급 전에 슬럼프에 빠진 부하 직원에게 이렇게 말할 수도 있다. "네가 지금 겪고 있는 모든 고통은 내가 다 겪었던 것이다. 지금 이 순간 네가 느끼는 엄청난 압력은 내가 서 있는 이 정상에 오르면 웃으면서 돌이켜 볼 수 있는 추억이 될 것이다. 그러니 참고 따라오든지 아니면 당장 이곳에서 걸어 나가라.!"

케프리컨의 상징인 염소

높은 비탈길을 오르는 습성을 지닌 염소를 관찰해보면 케프리컨이 의미하는 많은 것을 알 수 있다. 낭떠러지와도 같은 한길 비탈길 위에 위태롭게 자리한 조그만 돌 위를 조심스럽게 내딛는 모습은 케프리컨이 이 세상에서 권력을 얻기 위해 걷는 길과도 비슷하다. 염소는 산꼭대기에 오르는 길에 위험이 도사리고 있다는 사실을 알지 못했을까? 이들은 알고 있다. 그럼에도 불구하고 산 염소는 높은 곳만 보면 올라야 한다. 그러나 산 염소의 조심스럽고, 참을성 있는 성격 그리고 높은 곳에 반드시 올라야 한다는 의지는 결국에는 산의 정상에 오르고야마는 근기를 보여준다.

♑. 케프리컨은 책임과 의무의 사람이다. 구조적이고 체계적인 존재인 케프리컨의 세계는 단단하게 세워진 석탑과도 같다. 그는 상명하복의 질서를 중시한다. 케프리컨은 가장 꼭대기에 존재하는 한 가문의 원초적 조상처럼, 또는 가문의 족보를 이어받은 수장과도 같이 엄격하고 웃음기 없는 태도를 선보인다. 이들은 전통을 사랑하고, 가문을 자랑스럽게 생각하지만, 새로운 문화와 변화로 인해 기존의 틀을 바꾸는 것에 대해서 관대하지 못하다. 기존질서를 영구히 보전하기 원하는 이들의 엄격하고 냉정한 태도는 마치 보이지 않는 벽을 입은 것처럼 타인이 넘지 못할 분위기를 자아낸다.

♑. 태양계에서 가장 큰 행성인 쎄턴은 아름다운 고리를 가진 행성이다. 케프리컨의 룰러로서 잘 자리 잡힌 쎄턴의 삶은 고된 운명에 저항

하지 않고 겸허한 태도로 삶을 살거나, 성공을 향하여 어떤 고된 운명도 참고 인내하여 결국 성취를 이룬다.

♑. 태양계에서 쎄턴을 바라보면, 그의 둘레에 아름다운 고리를 보고 점성학도들은 놀라곤 한다. 왜냐하면 고생과 가난, 고통을 상징하는 쎄턴의 의미가 그 행성의 생김새를 통해서는 느껴지지 않기 때문이다. 이 아름다운 쎄턴의 고리는 자신이 처한 운명을 받아들이고 운명이 부여한 짐을 기꺼이 지고 사는 사람들에게서만 느낄 수 있는 고귀함을 의미하는 것이 아닐까? 그러나 한편으로는 이 고리를 쎄턴이 부여하는 제약과 한계의 고리로 볼 수도 있다. 고리로 인해 아름답고 풍요롭게 보이는 쎄턴은 마치 두 사람의 영원한 약속을 의미하는 반지(Ring)에 담겨있는 책임과 의무처럼 지구에 사는 인간이 영원히 짊어지고 가야 할 짐이 넘어서기 힘든 제약임을 암시한다.

♑. 케프리컨은 성공할 사람을 알아보는 안목이 뛰어나다. 이것은 이들이 스스로 엄격하게 단련하고 인내하며 성공을 향해 열심히 노력했던 사람이기에 지니게 된 안목이다.

♑. 케프리컨의 냉정함은 마치 유머를 알지 못하는 사람처럼 보이기도 한다. 그러나 그는 가끔 정말로 사람들을 즐겁게 하는 코미디언이다. 진정한 코미디언이라면 시종일관 상대를 웃기려고 하지는 않기 때문이다. 조용하고 엄격한 와중에서 한방의 썰렁한 멘트를 날리는 케프리컨은 부하 직원들이 기대하지 않았던 웃음을 주는 사람들이다.

♑. 케프리컨에게 돈은 매우 중요하다. 같은 흙 싸인인 토러스가 돈을 축적함으로써 돈이 주는 안정과 안전을 추구하는 반면 케프리컨은 돈이 주는 권력과 힘을 추구한다.

♑. 케프리컨은 네츄럴 천궁도의 열 번째 하우스를 지배한다. 이들이 천궁도의 가장 높은 곳에 위치하는 이유는 이들이 물질계의 마스터이기 때문일 것이다. 10이란 숫자의 1과 0을 더하면 1로써 유니버설 웨이트 타로의 마법사 카드다. 마법사는 물질계를 통달할 사람이다. 따라서 케프리컨과 마법사는 모두 물질에 대해서 정통하고 물질을 창조할 수 있는 힘을 가진다. 10은 운명의 수레바퀴를 의미한다. 이것은 물질 세상이 새옹지마(塞翁之馬)처럼 행복과 불행을 반복함으로써 이들이 세상에서 가장 높은 곳에 위치할 수 있지만, 가장 낮에도 위치할 수 있음을 암시한다.

♑. 케프리컨은 때때로 감상적이다. 이것은 케프리컨이 성공에 도달하는 과정에서 성취에 방해되는 감정을 너무 억누른 결과이다. 따라서 자신이 걸었던 삶을 돌아보면서 성공은 이루었지만, 가족 내에서 혹은 조직 속에서 홀로 남겨진 자신을 바라보며 고독함을 느끼기 때문이다.

♑. 케프리컨은 행동할 때 감정과 생각을 철저히 분리한다. 그가 자신을 엄격하고 혹독하게 단련시키는 과정에서 자신의 감정을 억누르는 반복적 행위로 자신의 감정을 무감각하게 한다. 그 결과로 얻는 것은 현실에서 효과적인 실무 주의자로서의 입지이다. 따라서 그는 상대의

감정을 배려하지 않을뿐더러 상대가 감정 있는 존재라는 것을 이해하지 못하는 것처럼 보이기도 한다. 그는 때때로 상대를 벼랑 끝까지 몰아붙이고 그의 능력으로 할 수 있는 것 이상의 모습을 요구한다.

♑. 성공한 케프리컨은 높은 곳에서는 상대를 지배하는 성향을 보이지만, 낮은 곳에 위치한 케프리컨은 상대의 지배를 받을 수 있다. 간수의 냉엄한 관리를 받아야 하는 죄수도 케프리컨의 한 예이다.

♑. 케프리컨은 연애나 결혼 상대를 매우 신중하게 선택한다. 이들은 모든 관계에서 그 관계가 자신의 신변이나 성공에 미칠 위험 부분을 계산한다. 만일 기꺼이 위험을 감수할 가치가 있다면 그들을 선택할 것이다. 또한 케프리컨은 연애나 결혼의 대상은 현실적 가치에 두고 선택하는 경향이 있다. 즉 가문이나 돈 또는 그 사람의 가치가 판단의 기준이 되는 경우가 흔하다. 가령 가문이나 돈이 없더라도 미래의 성공 가능성을 보고 그 사람과 파트너십을 맺을 수도 있다.

♑. 이렇게 결혼이나 애정 문제에서도 냉정해 보이는 케프리컨이지만, 이들은 일단 상대와의 연인이 되고 결혼을 한다면 가정을 지키기 위해 책임과 의무를 다한다. 그러나 이들의 문제점은 이들의 시선이 항상 세상에 대한 성공을 향하고 있다는 사실이다. 이들은 사회적으로 성공하여 가정에 물질적 안정을 이루게 하면 자신의 책임을 다한다고 생각하는 경향이 있다. 따라서 가족 구성원들은 케프리컨이 성공을 위해 사회에서 매진하는 동안 겪은 외로움만큼 후에 케프리컨의 가장이 퇴임하여 가정으로 돌아왔을 때 그가 설 공간을 주지 않는

경우가 많다. 케프리컨은 연인과 가정에게 좀 더 따뜻한 시선을 줄 필요가 있다. 사랑은 물질적 안정과 사회적 명예만으로 이루어지지 않기 때문이다. 케프리컨과 어울리는 싸인은 토러스, 캔서, 버고, 스콜피오, 파이씨즈다.

♑. 케프리컨은 나이든 사람이나 상급자를 의미하기도 한다. 시간의 신을 의미하는 쎄턴을 룰러로 하는 케프리컨은 시간이 유한(有限)함을 의미한다. 결국 인간에게 시간은 영원하지 않다. 그것은 죽음을 의미하고 죽음은 곧 쎄턴이다. 쎄턴은 나이든 사람이나 노인이다.

♑. 점성학에서 케프리컨의 룰러인 쎄턴이 천궁도를 한 바퀴 돌려면 약 30년의 시간이 필요하다. 따라서 개인이 서른이라는 나이가 되면 천궁도의 12 하우스를 모두 경험함으로써 세상에서 겪을 수 있는 모든 경험을 하게 된다. 쎄턴이 다시 한 바퀴를 더 돌면 그는 약 60세가 되며, 60세라는 나이를 공자는 이순(耳順)이라고 했으며, 어떤 말을 들어도 흔들리지 않는 나이라고 표현했다. 따라서 나이가 60에 이르면 대부분의 사람들은 삶에 대한 지혜와 안목 그리고 사람 볼 줄 아는 탁월한 능력을 가지게 되며 인생의 마스터가 된다. 나이 듦은 쎄턴이고, 결국 사람이 60살을 살면 인생의 마스터가 된다.

♑. 우리말에 "저 사람은 나이도 안 드나?"라는 표현이 있다. 나이가 지긋한 어르신이 너무 성질이 괴팍할 때 사람들은 종종 이렇게 이야기한다. 과격한 성미는 에리즈와 마쓰의 소산이며, 케프리컨이 어르신이나 아버지를 의미하는 반면 에리즈와 마쓰는 어린아이나 자식을

의미한다. 케프리컨 싸인에 마쓰가 들어갔을 때 마쓰는 케프리컨에서 익졸테이션이 된다. 케프리컨과 마쓰의 조합은 어린아이가 할아버지 품에서 자신의 급하고 다혈질적인 성미를 단련시키는 것과 같다. 결과적으로 이들은 자신의 성격을 무모하게 드러내지 않고 진지해지고 깊은 태도로 인생의 성공을 이루어내는 사람들이다.

♑. 케프리컨은 세상의 이치를 마스터한 물질의 마스터이다. 그러나 이들이 아무리 성공을 이루었다고 해도 인생의 끝은 모든 사람에게 죽음으로 귀결되기 때문에 케프리컨의 룰러인 쎄턴은 흉성의 자리를 차지한다.

♑. 케프리컨은 냉정하다. 그러나 이들은 믿을 수 있고 의존할 수 있는 존재이기도 하다. 이들은 자신이 책임질 수 없는 말이나 행동은 결코 하지 않는다. 강한 불 싸인들은 언행이 화려하고 약속도 많이 한다. 또한 화려한 언행과 경쾌한 태도로 상대를 기분 좋게 해주는 사람들이다. 그러나 이들은 자신이 했던 말이나 행동에 대해 모두 약속을 지키지는 않는다.

♑. 케프리컨에게 책임감은 매우 중요하다. 12싸인 중 가장 책임을 중시하는 싸인이 있다면 케프리컨일 것이다. 그러나 케프리컨은 자신의 일에 대해서는 강한 책임감을 가지고 있을지 몰라도, 사랑이나 결혼에 대해서 지나치게 엄격한 태도를 보인다. 특히 케프리컨들은 과거를 기억하고 전통을 숭상하며 자신의 부모에 대한 걱정을 많이 한다. 따라서 케프리컨과의 결혼 생활에서 배우자보다 자신의 조상들이

우선순위를 차지할 수 있다.

♑. 케프리컨은 실현 가능한 일과 그렇지 않은 일을 한눈에 알아본다. 이것은 이들이 전체를 파악하는 구조적 능력을 지녔음을 의미한다. 케프리컨은 인체의 뼈를 의미한다. 따라서 구조적이고 체계적이며 전체를 조망할 수 있는 능력을 가진다.

♑. 케프리컨에게 자신의 영역은 중요한 의미를 지닌다. 한 회사의 규약과 규칙은 케프리컨적인 조직 내에서 아주 중요한 의미를 지닌다. 특히 암묵적으로 지켜지는 한 조직만의 규약은 일종의 케프리컨적인 영역표시다. 그는 자신의 영역을 엄격하게 규정하고, 자신의 영역에서 정한 규칙을 어기거나 비판하는 사람은 받아들이지 않는다.

♑. 케프리컨은 원칙주의와 보수주의, 그리고 전통주의의 원칙을 따르며, 관례와 예절에 큰 의미를 둔다. 따라서 관례상의 절차를 중시하는 공무원사회는 전통적인 케프리컨의 모양새를 지닌다. 관공서에서 절차상의 복잡함과 오래 걸리는 결제 시간 등은 매우 케프리컨적인 모습을 보여준다. 절차와 형식을 지키는 것은 케프리컨 세계의 권위와 질서를 유지하기 위한 방법이기도 하다.

♑. 케프리컨은 자신의 권위에 도전하거나 선을 넘는 행위를 용납하지 않는다. 그에게 구질서에 반기를 드는 신세대는 때에 따라서 눈엣가시 같은 존재일 수도 있다. 따라서 케프리컨에게 지나친 개혁성향을 어필한다면 이들의 친구가 될 수 없다.

♑. 도발에 대해서 침묵과 냉엄함, 그리고 엄격함을 시종일관 유지함으로써 상대를 얼어붙게 만드는 재주는 연륜 있는 캐프리컨의 특기다. 이것은 엄격한 아버지가 자신의 아들을 대하는 방식이기도 하다. 그러나 캐프리컨은 때때로 감상(melancholy)에 빠지기도 하는데, 이러한 모습은 가정에 대한 책임감을 완수하기 위해서 평생 고되게 일했지만 고독함만 남은 아버지의 뒷모습에 비유할 수 있다.

♑. 캐프리컨이 의미하는 법과 원칙을 잘 지키지 않는다면, 자신의 영역 밖으로 밀려나게 되며, 이것은 캐프리컨이 갈 수 있는 최악의 장소인 감옥을 의미하기도 한다. 캐프리컨은 사회의 가장 높은 곳과 가장 낮은 영역을 모두 의미하기 때문이다.

♑. 캐프리컨의 룰러인 쎄턴이 흉성인 이유는, 쎄턴의 권력과 마스터의 별인 동시에 가난과 질병 그리고 인생을 시험을 받게 하는 테스트의 행성이기 때문이다.

♑. 캐프리컨은 계획을 실효성이 확신할 때까지 추진하지 않는다. 이것은 불의 성향을 지니면서 캐프리컨과 같이 사회의 지도자급에 위치하게 되는 쎄지테리어스와는 다른 점이다. 쎄지테리어스는 보다 정신적인 자유와 다양성을 중시하기 때문에 일과 계획을 벌여놓는 만큼 그 모두를 마무리 짓지 못하는 성향이 있다. 그러나 캐프리컨은 추진하지 못할 계획을 애초에 시작하지 않는다.

♑. 케프리컨은 논리적이며 철저한 준비와 계획을 한다. 만일 케프리컨이 누군가와 싸워야 한다면 이길 수 없는 싸움은 아예 시작하지 않는다.

♑. 케프리컨은 자신의 미덕을 성공 후에도 지켜야만 한다. 케프리컨은 가장 물질적인 싸인으로서 세상의 권력에 대해 탐욕스러운 욕망을 가진 자이다.

♑. 성공의 고된 과정은 케프리컨에게 인생에 대한 겸손과 연륜이라는 미덕을 준다. 그러나 성공 후에 다가오는 엄청난 물질적 유혹에 흔들린다면 가장 고약한 쎄턴의 법칙에 의해서 자신의 자리를 더 이상 지킬 수 없게 될지도 모른다.

♑. 케프리컨은 타인에 대해 엄격하고 차가운 시선과 태도를 지닌다. 그러나 쎄턴이 어플릭트[10] 되어 힘이 없는 경우 그는 교만한 사람일 수도 있다.

♑. 케프리컨에게는 오로지 눈에 보이는 결과만이 중요하다. 성공을 위해 자신을 너무 엄격하고 냉정하게 억눌러온 결과, 그는 다른 사람에게도 기분이라는 것이 있다는 사실을 가끔 잊는 것 같기도 하다. 그의 감정은 흙처럼 굳어있다. 그러나 그는 물이 제방에 갇혀있는 것처럼 감정을 단단한 흙 아래 감추었을 뿐 그도 감정이 있는 인간이다.

---

10) 마쓰, 쎄턴 같은 흉성과 특정 행성과 흉각을 맺는 것을 어플릭트(Affiction)라고 한다.

♑. 케프리컨은 냉정하고 잔인한 반면, 민감하고 심오하다. 이러한 성향은 성공한 케프리컨에게서 때때로 볼 수 있다. 성공한 케프리컨들은 지나온 인생을 뒤돌아보고 앞만 보고 달린 결과 가족들에게서 너무 멀리 떨어져 버린 외로움으로 감상적인 감성을 드러내기도 한다.

♑. 케프리컨은 일이 비록 즐겁지 않더라도 책임감과 의무감 때문에 그 일을 완수한다. 케프리컨이 한 가정의 아버지나, 한 조직의 대표를 의미하는 것도 같은 이유이다. 이러한 점에서 케프리컨은 끊임없는 책임감의 존재이자, 일 중독자다. 이들의 의무와 책임에 대한 생각은 이들에게 강한 압력으로 작용한다. 따라서 지배적이고 고압적인 케프리컨의 모습은 이러한 압력에 대한 그림자라고 말할 수 있다.

♑. 케프리컨은 본질적으로 자신의 자리에 대한 강한 집착을 가진다. 따라서 이들은 변화와 개혁에 대해 인색하고 경쟁에 대한 두려운 마음을 가진다. 이것은 케프리컨이 자신의 영역을 넘는 존재를 거부하고 인정하지 않는 이유이다. 그는 시간에 의해 시험된 오래된 형식과 패턴을 엄격하게 고수한다.

♑. 케프리컨은 분명한 마음을 가졌다. 케프리컨은 12싸인 중 가장 영역 표현이 확실한 싸인이다. 즉 경계 긋기를 가장 잘하는 싸인이 케프리컨이다. 이러한 점에서 케프리컨은 자기 영역의 확실한 표현인 한 국가나 적게는 각종 조직이나 기업을 의미하기도 한다.

♑. 케프리컨이 가문과 형식을 중시하는 것은 그의 과거지향성과 체계를 중시하는 성향을 암시한다. 또한 시간을 견디고 살아남은 가문과 함께 고전의 산물들은 케프리컨의 영역이다.

♑. 부정적 케프리컨은 비사회적이고 심술이 있으며, 불공적하고 인색하다. 이것은 케프리컨이 사회의 가장 높은 위치뿐만이 아니라 가장 낮은 위치를 차지할 수도 있기 때문이다. 케프리컨의 경계에 대한 인식과 흙의 성질은 자신의 주변에 단단히 쌓여진 갑옷 또는 탑과도 같다. 따라서 우호적인 정신을 가지지 못한 케프리컨은 결국 혼자 고독하게 남을 수 있다.

♑. 케프리컨은 목표를 향해서 뛰어난 집중력을 발휘한다. 그러나 케프리컨의 집중력과 현실주의가 부정적으로 드러나면 고집 세고, 다루기 힘들며, 유연하지 못할 수 있다. 케프리컨의 이렇게 완고한 성향은 나이가 들면서 그의 뼈에 류마티즘이나 관절염이라는 병으로 드러날 수도 있다.

♑. 케프리컨의 엄격함은 교만이나 오만과는 구분되어야만 한다.

♑. 케프리컨은 12싸인 중 개혁에 대해 가장 닫혀있는 싸인이며, 반대로 12싸인 중 가장 개혁에 대해 열려있는 싸인은 어쿼리어스다.

♑. 케프리컨의 마음을 열기는 쉽지 않다. 이들은 처음 볼 때 매우 냉정하고 차갑다. 자신의 마음을 쉽게 주지 않는데 이것은 관계가 주는

위험에 대해 계산하기 때문이다.

♑. 케프리컨은 구조와 순서 그리고 체계를 중시한다.

♑. 케프리컨의 관능은 이들이 평소에 보이는 차갑고 냉정한 태도 때문에 더 두드러져 보인다. 그러나 이들은 자신의 관능을 잘 통제한다. 감정과 일을 냉정하게 구분하는 것이 케프리컨이다. 케프리컨적인 아버지가 일이 아무리 힘들고 고통스러워도 기꺼이 완수하는 것은 이들이 가족에 대한 책임과 의무감을 가지고 일과 감정을 냉정하게 구분하기 때문이다.

♑. 케프리컨은 성공의 싸인인 만큼, 성공으로 가기 위한 길에 놓여 있는 위험을 감지한다. 따라서 이들은 매우 조심스럽고 의심이 많은 경향이 있다.

♑. 케프리컨은 상대의 노력에 대해서 정확하게 평가한다. 이것은 그가 성공을 향해 나아가는 동안 겪은 고통과 인내에 의해서 사물을 꿰뚫는 힘을 가지게 되었기 때문이다.

♑. 케프리컨은 실행할 수 있는 것과 실행할 수 없는 것을 한눈에 파악하는 능력을 지닌다.

♑. 케프리컨은 심오하고 심각하다. 이것은 케프리컨이 성공을 향해 걸어오는 동안 많은 고통과 좌절을 경험했기 때문이다.

♑. 케프리컨은 기념일에 연인에게 꽃을 선물하지 않을지라도, 중요한 기념일에 세계 일주 여행 티켓을 끊어서 연인이나 부인에게 놀라움을 선사하기도 한다. 이들은 평소에는 자린고비 정신을 보일지 모르지만, 마땅히 선물을 주어야 한다면 비싸더라도 값어치가 있고 자손에게 유산으로 남겨주어도 될 만큼 가치 있고 품격 있는 선물을 한다. 케프리컨 아버지가 입었던 양복은 그 아들이 입어도 될 만큼 클래식하고 고급스러운 옷일지도 모른다.

♑. 케프리컨은 엄격하고 혹독한 아버지를 의미하기도 한다. 반면 리오는 관대하며 즐거움을 아는 창조적이고 즐거움을 즐길 줄 아는 아버지이다.

♑. 케프리컨은 현실주의자이며 관료주의자이다. 현실주의자로서 그는 실현 가능한 계획을 중시한다. 관료주의자로서 케프리컨은 형식과 절차 그리고 체계와 조직을 중시한다.

♑. 케프리컨은 상대에 대한 배려가 없다. 그는 무자비하고, 그의 무자비함은 세상이라는 냉혹한 정글 속에서 성공과 권력을 얻어낼 수 있는 근원적 힘이 됐다. 은퇴한 케프리컨들은 이제 정글의 룰 밖으로 밀려난 킹으로서 그동안 억눌러왔던 감정에서 풀려나 말로 표현할 수 없는 자상한 눈길로 손자를 바라보곤 한다.

♑. 쉽게 얻은 것은 쉽게 잃어버린다. 케프리컨은 소중한 가치는 고생과 인내를 통해서만 얻을 수 있다고 믿는다.

♑. 케프리컨은 한 번 내뱉는 말이나 약속에 대해 철저하게 지킨다. 이들은 만일 지킬 수 없는 약속이라면 아예 하지 않는다.

♑. 케프리컨은 어린아이같이 성숙하지 못한 성향을 좋아하지 않는다. 따라서 케프리컨은 노년과 마스터의 싸인이다. 반면 에리즈는 정열을 발산하고 모험을 추구하는 젊은이의 싸인이다. 케프리컨이 에리즈와 가장 다른 점을 한 가지 뽑으라면 케프리컨은 무모한 일은 절대 하지 않는다는 점이며, 에리즈는 많은 경우 무모함을 선택할 수 있다는 사실이다.

♑. 케프리컨은 헌신과 희생, 질서와 구조를 중시한다. 이것은 성공을 성취하는 과정에서 필요한 요소이기 때문이다. 케프리컨의 규칙과 규율은 질서정연한 구조를 이룬다.

♑. 케프리컨은 어려운 일과 고생을 마다하지 않기 때문에 성공할 수 있다. 그러나 케프리컨은 사회에서 가장 어렵고 일반적으로 사람들이 즐겨하지 않는 일을 담당하는 직업을 가질 수도 있다.

♑. 케프리컨의 직업은 은행 분야, 부동산, 보험사업, 무덤 관리인, 기업체 대표, 회사 중역진, 건축업자, 광부, 건축사업, 경제학자, 조각가, 채권관리인, 정치인, 간수, 감독관, 전략가, 회장, 정형외과 전문의, 지압전문가, 책사, 건설사, 암벽등반가, 산악대장, 목수, 마스터, 부동산 소유자, 매니저, 사업체 소유자, 정부 관리, 교도소장, 접골사, 훈련 조교, 집행자, 카이로프라틱 전문가, 지압전문가, 토목공학자, 배심원 등

이 가능하다. 이들의 직업이 가지는 특성은 주로 냉정함, 인내 그리고 엄격성이다.

♑. 케프리컨에게 믿음은 아주 중요한 문제이다. 믿는 사람을 위해서는 기꺼이 자신을 희생할 수도 있다. 대표적인 사람은 한 가정의 가장으로서 주로 아버지다.

♑. 케프리컨은 상대의 프로젝트가 실효성을 가지고 실현 가능성이 있는지 판단하기 위해 기꺼이 상대의 말을 들어준다. 그러나 상대의 계획이 현실화시킬 수 없는 몽상이라면 무시할 것이다.

♑. 케프리컨과 친구가 되기를 원한다면 너무 개혁적인 성향을 드러내 보이지 않는 것이 바람직하다. 케프리컨은 고통스러울지라도 조직과 같은 한 체계의 일원이 되기 위해 특정한 체제가 요구하는 규칙을 기꺼이 따르는 사람이다. 이것은 이들이 조직의 체계를 타고 가장 높은 곳까지 기필코 오르고자 하는 야망을 가진 사람들이기 때문이다.

♑. 케프리컨에게 주도권을 잡기 위한 지나친 도전적 행위는 통하지 않는다. 그러한 행위는 케프리컨에게 미성숙한 행위로 비칠 수 있다. 이것은 케프리컨이 진정한 주도권이란 힘을 가진 자의 것이라는 것을 경험을 통해서 알고 있기 때문이다. 또한 힘을 가지기 위해서 인내는 기본이라는 사실을 알고 있기 때문이다.

♑. 케프리컨의 지나친 감정절제는 그를 재미없는 사람으로 느껴지게 한다. 따라서 어린 손자의 재롱은 할아버지의 숨겨진 감정을 상승시켜준다. 이러한 이유로 할아버지는 어린 손자를 사랑한다.

♑. 케프리컨의 굳어있는 감정은 그의 굳어진 표정으로 드러난다. 반면 스콜피오는 무표정하다. 스콜피오는 인간의 깊은 내면을 탐구하고 자신의 내면에 세계를 구축한다. 그는 자신을 끝까지 파고 들어간다. 케프리컨은 권력의지를 가지고 그에 방해가 되는 사적 감정을 통제하는 사람이다. 이들의 시선은 세상과 세계를 향해있다.

♑. 케프리컨은 자신을 드러내는 것에 대해서 두려움을 느끼기 때문에 그들은 자신의 감정에 마스크를 씌운다. 감정을 드러내면 자신을 지탱하던 힘에 균열이 생기며, 타인과 감정이 얽히기 시작하면, 자신의 의지를 효과적으로 관철시킬 수 있는 권위가 사라지기 때문이다.

♑. 케프리컨은 종기(終期)의 흙 싸인으로서 점성학의 중천(m.c)을 의미하는 10번 하우스에서 자신을 환하게 드러낸다. 다시 말해서 하우스를 시계로 바꾸어 본다면 10번 하우스는 낮 12시로 볼 수 있다. 12시는 하루 중 태양이 가장 강렬한 빛을 드러낸다. 인생으로 따지면 가장 성공한 시기라고 할 수 있다. 참고로 흙은 토러스에서 물질을 구축하고 자신의 기반을 단단하게 했다. 버고에 이른 흙은 연구와 기술력을 통해서 물질을 축적하고 싶어 한다.

♑. 케프리컨은 자신의 힘과 자신이 세운 계획이 실효성을 가질 때까지 일을 추진하지 않는다. 그러나 케프리컨이 사랑하는 것은 물질 그 자체가 아닌 물질이 발휘하는 힘이다. 케프리컨의 권력은 물질을 현현할 수 있는 힘이다.

♑. 케프리컨이 가진 힘은 신중하고 정확하며 숙고와 계산의 결과물이다. 이들은 에리즈처럼 갑작스럽게 나타난 장애물을 무모하고 생각 없이 들이받는 우를 범하지 않는다.

♑. 케프리컨은 성공한 노신사의 절제된 모습으로도 그려질 수 있다. 이들이 빛나는 것은 이들이 성공에 이르기 위해 도처에 널려있는 위험을 인내하고 이겨냈기 때문이다. 인내는 고통을 낳지만 기꺼이 감수하고 이겨낸다면 이들은 사물이나 상황의 정수를 꿰뚫는 힘을 얻게 되는데, 이들이 가진 빛은 태양 빛과도 비슷하다.

♑. 케프리컨은 긴축과 가난의 싸인이다.

♑. 케프리컨의 행복과 불행은 삶의 희노애락(喜路哀樂)과 무관하지 않다. 왜냐하면 그가 12번 하우스의 가장 정점에 위치하고 있기 때문이다. 12하우스는 삶의 수레바퀴이고 바퀴는 돈다. 이것은 행운의 수레바퀴와 같다. 케프리컨의 절제와 여유는 바로 이러한 인생의 법칙을 알고 있기 때문이기도 하다. 그러나 행운의 수레바퀴가 뒤집어진다면 이야기는 아주 달라진다. 이것은 몰락과 추락을 의미한다. 케프리컨의 이러한 모순은 권력과 명예의 추구가 거짓된 방향으로 흐를

때 드러날 수 있다. 즉 자신의 힘을 올바르지 못한 방식이나 사적인 욕심을 충족하기 위해서 휘두르게 되는 것이다. 최고의 권력자가 추문과 스캔들에 의해서 몰락하게 되는 경우가 바로 이러한 경우이다.

♑. 케프리컨은 나이가 들어서 오히려 어려지고 맹랑꼴리해지는 경향이 있다. 왜 그런가? 성공한 자의 여유인가? 케프리컨이 추구해왔던 권력과 명예는 결국 삶의 본질이 아니기 때문이다. 이것은 융박사가 말했듯이 인생의 초반은 성공과 가정을 위해 전력을 다해야 하지만, 인생의 후반부는 자신의 내면으로 가는 여행을 떠나야 한다는 말에서 힌트를 얻을 수 있다.

♑. 케프리컨은 나이가 들어서 갑자기 뜻하지 않은 사랑에 빠진다던지, 갑자기 춤을 배우거나 그림을 배우는 등의 일을 할 수 있다. 이것은 자신도 몰랐지만, 그동안 너무나 성공을 위해서 바깥으로만 눈을 돌렸던 것에 대한 그림자 작용이다. 자신이 왜 춤을 추고, 연애에 빠지고, 그림을 그리는지 알지 못하지만, 그것은 내면에 자신의 본질적인 자아를 찾으려는 노력의 일환일 것이다. 그리고 그러한 여가 활동을 통해서 그는 자신과 만나려는 시도를 하는 것이다.

♑. 케프리컨이 높은 산에 오르는 여정은 처음에는 홀로 고독하게 가는 길이었다. 그러나 그가 막상 정상에 올랐을 때, 케프리컨은 그만 자신을 존경하고 환호하고 따르고 좋아해 주는 사람들의 환호에 빠져들게 되고 만다면 이것은 케프리컨의 추락을 암시할 수도 있다.

§ 11. 어퀘리어스(Aquarius)

1월 21일 ~ 2월 19일

> ♒ 키워드 (Rulership:도마사일 ♅, ♄/익졸테이션 ♀)
>
> 독특한, 독립적인, 자유의, 천재적인, 자신만의 리듬을 타는, 휴머니즘, 자리이타, 개혁, 파괴, 현대인이면서 복고풍을 추구하는, 랄프 로렌풍의, 정신적 통합, 대 자유, 광대, 연예인, AI 전성시대, 유비쿼터스, 유목민적 자유를 추구하는, 네트워킹, 컴퓨터, 인터넷, 핸드폰, 이별, 갑작스러운 만남, 정신이 혼미해질 정도로 강한 충격, 이탈, 이혼, 죽음, 추락, 사고, 항공기 사고, 통찰력, 광속의, 정신없는, 파괴를 위한 파괴, 함께 있기를 좋아하면서도 혼자 있는, 대중 속에서 핸드폰을 보는, 바람둥이, 탑카드, 토르신, 평등, 비 관습적인, 휴머니스트, 기괴한, 모든 구태를 파괴하고 새로운 것으로 향하는, 혼자 밥 먹고(혼밥) 혼자 영화 보고 혼자

공연 보는, 혼술, 데이트 중에도 핸드폰을 들여다보는, 진보적인, 혼동과 혼란, 모두가 예스라고 말할 때 노우라고 말할 수 있는, 내면의 신념을 절대 굽히지 않는, 책상지식인, 분리, 갑작스러운 죽음, 목표, 정신적 각성, 변화, 발명적, 창조적, 우정, 천재지변, 동호회, 통찰력, 광활한 사고, 바보, 물질적으로 어려운, 투 잡을 하는, 프리랜서, 고정직을 얻지 못하는, 한 회사에서 오래 일하지 못하는, 생성과 파괴, 미래를 향하여 나아감, 경계를 타파하는 자, 떠나는, 구습타파, 에고의 붕괴, 창조적인, 경계와 구습 타파, 통찰력, 광활한 사고, 바보, 물질적으로 어려운, 투잡을 하는, 빠른, 프리랜서, 위험에 빠짐, 떠나는, 사고, 바보, 물질적으로 어려운, 프리랜서, 생성과 파괴, 언제든지 떠날 준비가 되어있는, 경계를 타파하는 자, 항상 새롭게 사는 자, 떠나는, 신랄한

♒. 어퀘리어스는 모든 인간의 차별철폐와 계급철폐 그리고 고용인과 고용주간의 차별과 성차별 등 모든 차별로부터의 평등과 자유를 주장한다.

♒. 어퀘리어스는 우정을 중시하며 같은 이상을 가진 사람들과 함께 하려는 형제애(Brotherhood)를 추구한다.

♒. 어퀘리어스는 자신의 느낌을 사실과 다르게 표현하기도 한다. 이것은 타인과 감정적으로 얽히는데 대한 일종의 부끄러움을 느끼기 때문이다.

♒. 어퀘리어스는 타인과의 차별성을 매우 중요하게 생각한다. 더 나아가서는 자신이 특별하고 독특한 사람이기를 원한다. 때때로 어퀘리어스의 이러한 모습은 기괴한 모습으로 비치기도 한다. 그의 생각을 잘 표현한 모습이 광대의 알록달록한 옷일지도 모른다. 그는 누군가와 닮았다는 말을 가장 싫어한다.

♒. 어퀘리어스는 정신의 대 자유를 추구한다. 천궁도에서 리오와 반대 싸인에 위치하는 이들은 왕의 허울을 드러내는 자일지도 모른다. 왜냐하면 왕 즉 리오가 자신의 자리와 위치 그리고 자신의 권력에 집착하는 모습은 리오의 강한 에고를 드러내기 때문이다. 심볼론 카드 32번 몰락카드에서 광대는 왕에게 거울을 들이댐으로써 왕이라는 가면 아래 숨겨진 그의 참모습을 보라고 말한다. 그는 바보이자 광대로서 물질을 추구하지 않기 때문에 가장 강한 물질의 힘을 가진 왕의

에고를 꿰뚫어 볼 수 있다.

☙. 어퀘리어스는 바보이자 광대이다. 바보인 그는 현실에서 물질적 자유를 얻지 못하지만 광대의 길은 그의 우스꽝스러운 표정과 알록달록한 옷을 가면 삼아, 내면에서 광활한 사고를 하는 정신적 자유의 존재이다. 어퀘리어스는 내면에 강렬한 생각을 감추는 존재이기도 하다.

☙. 어퀘리어스의 두 룰러인 쎄턴과 우레너스는 모든 물질의 생성과 파괴의 패턴을 말해주는 것일 수도 있다. 물질은 생성(쎄턴)되는 순간 이미 과거(쎄턴)의 산물이 되기 때문이다.

☙. 어퀘리어스의 우레너스적인 성향은 보다 새롭고 발전적인 것을 창조하려는 의도를 갖는다. 따라서 과거의 것은 결국 파괴(우레너스)된다. 따라서 어퀘리어스는 자신 앞에 놓인 모든 경계와 구습을 타파하려고 한다.

☙. 컴퓨터와 인터넷 문명은 어퀘리어스가 의미하는 과학기술의 총아이다. 진정한 어퀘리어스의 정신은 파괴적 창조가 아닌 창조적 파괴를 통해서 이루어진다. 모든 과학기술 중 최고의 위치를 차지하는 컴퓨터는 AI를 가능하게 했다. 현대에서 고도로 진화된 AI는 개인이 컴퓨터를 매일 아침 업그레이드하는 것처럼, 끊임없는 업그레이드를 통해 진화해왔고 고도의 경지에 이르렀다.

☙. 어쿼리어스 정신이기도 한 자유와 평등 그리고 독립은 현실 세상에서 완전히 보장되기 쉽지 않다. 따라서 어쿼리어스가 추구하는 세상은 이상 세계 내지는 유토피아적 세계에 가깝다. 그러나 어쿼리어스 문명의 총아인 인터넷 문명 및 유비쿼터스와 AI는 실현할 수 없는 것을 실현시키고 있다. 어쿼리어스의 머릿속에서 광활한 정신적 자유가 구현된다. 어쿼리어스가 지배하는 11번 하우스는 정신의 통합과 유토피아 내지 대동 사회를 의미한다.

☙. 그러나 오늘날 발달된 인터넷 문명은 보이지 않는 거대한 연결망을 통해서 지구 끝까지 통합을 시도하고 있다. 따라서 인류는 컴퓨터 연결망으로 긴밀하게 연결된 존재다. 물질사회에서 이루어진다기보다는 보이지 않는 거대한 연결망을 통해서 실현되고 있는지도 모른다. 인터넷 문명이 거대한 연결망을 이루어서 전 세계를 하나로 묶고 있는 것은 어쿼리어스 정신의 발현이자 현현이라고 말할 수 있다.

☙. 이제 문명은 집안의 가장 후미진 곳에서 자신을 주장하지 못했던 가장 열악한 위치에 놓인 사람들조차 인터넷의 사용이 가능하게 함으로써 정신적으로 지성적으로 누릴 수 있는 자유를 누구에게나 보장하고 있다.

☙. 형제애의 싸인이자 휴머니스트인 어쿼리어스는 자신과 같은 사상을 가진 사람들과 함께 하는 것을 좋아하며, 모든 사람들은 그들만의 독특한 가치를 지닌다고 생각한다. 그렇기 때문에 타인과 비슷하거나 닮았다는 말을 가장 싫어하는 그는 이러한 자신의 생각을 계급

이나 신분에 상관없이 적용한다.

♒. 어쿼리어스는 개혁가가 될 수도 있지만 반란과 반항의 존재가 될 수도 있다. 가장 좋지 않은 결과는 이들이 단지 파괴를 위한 파괴를 할 수도 있다는 사실이다. 과거 왕이 지배하던 시대에 광대는 왕의 사랑을 받았다. 이것은 광대의 내면에 측정할 수 없는 자유에 대한 생각이 왕의 경직된 정신을 각성시켜주는 면이 있었기 때문이다. 더욱이 광대의 우스꽝스러운 모습으로 왕에게 위협적인 존재로 인식되지 않았기 때문에 대부분의 왕들은 광대를 사랑했다.

♒. 과거의 광대였던 어쿼리어스는 현대의 연예인이다. 광대가 입고 있는 알록달록한 옷은 현대 그들의 화려한 의상과 모습에 비유할 수 있다. 이들의 하늘에서 내려온 것 같은 외모는 마치 광대의 언제나 웃는 고정된 미소와도 비슷한 느낌을 준다. 따라서 사람들은 그들도 인간으로서 애완과 고통 그리고 슬픔을 겪을 수 있는 존재라는 사실을 잊곤 한다.

♒. 어쿼리어스가 모순적인 싸인이라고 말하는 이유는 그들이 휴머니스트이고 친구와 우정 그리고 집단 속에서 이루어지는 관계를 좋아하면서도, 개인주의로 남기를 원하기 때문이다.

♒. 어쿼리어스 정신의 광활함을 반증하듯이 그는 인류애 내지는 형제애(brotherhood)로 태양은 왕만의 전유물이 아니며, 모든 사람들은 자신만의 태양을 가지고 있는 존재임을 선포한다. 높은 줄 위에서

의 자유는 어린애 같은 해맑은 즐거움을 주지만 결국 세상에 태양은 하나밖에 없기 때문에 태양은 어퀘리어스에서 디트리먼트 된다.

☪. 그의 휴머니즘과 개인주의는 다소 어울리지 않는 모순을 자아낸다. 어퀘리어스가 많은 사람들 앞에서는 자연스럽게 이야기를 이끌어 갈 수 있는 능력자임에도 불구하고 한 사람만이 대화상대로 있을 때 그는 어색함과 불편함을 느낀다. 어퀘리어스가 일대일의 만남을 좋아하지 않는 이유는 너무 친밀한 관계에서 서로 감정이 섞이기를 바라지 않기 때문일 것이다.

☪. 그는 감정이 복잡하게 얽힘으로써 정신의 자유를 방해받기 원치 않는다. 따라서 이들과의 개인적인 만남은 그리 오래가지 않는다. 이별과 분리와 이탈의 싸인이기도 한 어퀘리어스는 가방 하나 훌쩍 메고 길을 떠나는 베가본드처럼 언제든지 떠날 준비를 한다.

영화 "생일"과 21세기의 상징 "우레너스"

어퀘리어스는 유니버셜 웨이트 타로 카드 0번 바보 카드에 상응한다. 바보는 한 손에 흰 장미를 들고 벼랑 끝에 서 있다. 바보가 서있는 이 벼랑 끝은 바보가 향하는 장소가 위험한 곳임을 상징한다. 카드 속의 바보는 광대를 의미하고, 광대에게 있어서 벼랑 끝은 창공에 메어져 있는 줄 위다. 광대는 줄타기의 귀재다. 사람들은 광대를 보고 웃거나 때로는 비웃기도 하지만, 광대는 한 뼘도 되지 않는 줄 위에서 많은 것을 하는데, 이때 그의 감정은 대자유의 즐거움을 누린다.

어쿼리어스를 룰링하는 우레너스와 마쓰는 비슷한 점이 많은 행성이다. 두 행성 다 모험과 도전을 즐기고 새로운 곳을 향해 끊임없이 떠난다. 그러나 두 행성의 가장 큰 차이는 우레너스가 특별한 목적지가 없는 반면, 마쓰의 상징이 보이는 화살촉은 그가 목적지를 가지고 있다는 사실이다. 마쓰가 목적지를 향해서 자신의 화살을 꽂는 행위는 그가 목표한 지점에 대해 정복하기 원한다는 사실을 암시한다.

마쓰의 이러한 성격은 리더십으로 표현된다. 마쓰는 전쟁터의 장군이나 전사를 의미하기도 한다. 전쟁터에서 마쓰는 "나를 따르라!"라고 말하며 적을 향해 돌진한다. 이때 따를 자가 많은 마쓰는 리더가 될 것이지만, 따를 무리를 가지고 있지 않은 자는 완전한 독립자 또는 홀로장군으로 남을 것이다.

그러나 우레너스는 마쓰와 비슷한 성질을 가지고 있음에도 불구하고 마쓰처럼 리더가 되려는 욕망이 없다. 따라서 정신적 의미에서 우레너스는 마쓰를 넘어선다. 마쓰가 물질적 욕심이 있지만, 그의 불기운 때문에 정작 물질을 얻지 못하는 반면, 우레너스는 물질적 욕심이 없다. 그래서 우레너스는 자유를 의미하지만, 그의 자유는 현실에서는, 자유의 가장 극단적인 형태인 파괴와 분리, 이별과 이탈 그리고 이혼을 가져온다.

우레너스의 분리적 성격은 살아있는 존재들인 인간에게는 엄청난 충격과 고통으로 다가온다. 역설적이게도 그러한 고통은 결과적으로 인간에게 자각과 각성을 일으킨다.

최근에 개봉된 영화 "생일"은 세월호의 희생자인 아들과 살아서 아들의 부재를 고통스러워하는 한 어머니의 이야기와 유사하다. 모든 이별은 우레너스적인 성향을 띠고 있다. 우레너스에 의해서 야기되는 사건들은 이혼에서부터 시작해서 육체적인 사고, 치매와 같은 병, 그리고 물질 상실과 천재지변에 의한 사고와 죽음에 이르기까지 다양한 사고로 현실화된다.

이 영화 속에서 금쪽같은 아들을 잃은(우레너스) 어머니는 천재지변에 의한 사고(우레너스)이면서도 동시에 인재(우레너스)로 분석되는 세월호 사건을 겪은 다른 어머니들이 서로 아픔을 공유하면서 다시 인생의 의미를 찾아가려는 것과는 달리 자신을 이들로부터 끊임없이 분리(우레너스)시킨다.

아들을 잃은 슬픔은 남편에 대한 원망으로 번지고, 남편과는 급기야 이혼(우레너스)를 원하게 된다. 이 여인에게는 아들이 존재하지 않는다면, 남편도 의미가 없기 때문이다. 아들을 잃은 이 여인은 쇼파에서 선잠을 자면서 현관의 등불이 깜박일 때(우레너스) 아들이 늦은 방과 후 학습이 끝나고 학교에서 귀가한 것으로 착각하면서 벌떡 일어나 아들의 이름을 부르는 장면이 거듭 나온다. 또한 아들의 방에 아직도 남아있는 책상과 학용품 그리고 아들의 옷을 보며, 이 여인은 아들이 마치 살아있는 것처럼 그 존재와 대화를 나눈다.

작은 아파트에 살고 있는 이 여인의 이웃들은 밤마다 통곡하는 여인의 울음소리 때문에 정신병에 가까운 극도의 우울증(우레너스)에 걸린다. 옆집에 살고 있는 세월호에서 구출된 아이들은 여인의 울음소리를 들으며, 자신만 살아남았다는 죄책감을 느끼면서 길거리에서 이 여인을 만나면 피한다(우레너스).

3년 가까운 여인의 절규와 통곡에 마을 주민들을 대표를 뽑아서 여인의 아들 생일파티를 해주겠다고 제안한다. 이들은 여인의 남편을 먼저 만나서 생일파티 제안을 하고, 이 여인이 없이 딸아이만 있는 사이에 집에 와서 생일파티에 사용하기 위해서 아들의 사진첩을 보다. 갑자기 집에 돌아온 여인은 이들의 행위가 폭력(우레너스)로 받아들여진다. 거친 말로 사람들을 쫓아내고 다시 혼자(우레너스)가 된 여인은 오빠의 죽음으로 방치되다시피 한 딸(죽은 오빠의 여동생)에게 무관심하다. 이 딸아이는 마치 고아(우레너스)와도 같이 방치되고, 여인은 딸의 모든 행동을 죽은 오빠에 빗대서 비난한다.

한편 이 여인의 남편은 아들이 죽었을 당시부터 몇 년 동안 베트남에 있었기 때문에 아들이 죽은 후에야 한국에 돌아온다. 돈을 벌어서 더 큰 행복을 얻겠다는 마음으로 자식과 부인을 떠났지만, 아들의 죽음은 남성에게 큰 죄책감을 준다.

이들 사이에 고통과 갈등은 여러 가지 메타포로 영화 속에서 표현된다. 드디어 아들의 생일파티 날이 왔는데, 여인은 남편에게 자신은 참여하지 못하니 가고 싶으면 혼자 가라고 냉정하게 말하지만, 오늘 아들이 생일파티에 올 거라는 남편의 말에 여인은 갑자기 마음이 움직이고(정신적 각성 우레너스) 마음을 바꿔 남편을 따라 죽은 아들의 생일파티에 참석한다. 파티에는 정말 많은 사람이 와 있었는데, 주로 아들의 학우들과 세월호에서 죽은 아이들의 부모 그리고 세월호에서 살아남은 아이들을 비롯하여 동네 주민들이 참석했다. 이 여인은 아들이 죽은 후 자신을 끊임없이 주변으로부터 소외(우레너스)시켰기 때문에 이렇게 많은 사람들이 있는 곳에 참석한 것은 자신이 케셔(우레너스/ 자유직)로서 일하는 마트를 빼놓고는 거의 처음이다.

멋쩍게 아들이 없는 아들의 생일파티에 남편 그리고 딸과 참석한 여인은 모임의 주최자가 아들의 사진들을 스크랩한 영상과 사진들 그리고 아들의 친구들이 기억하는 아들에 대한 이야기를 들으면서 하염없이 눈물을 흘리면 애달파 한다.

 많은 사람들이 죽은 아들에게 환호와 절망 그리고 동정과 연민을 보낼 때, 이 여인은 죽은 아들과 자신의 이야기가 함부로 말해지는 데 대해서 절망도 느낀다. 왜냐하면 이제까지 여인은 모든 사람들에게서 자신과 아들을 분리시키며, 자신과 아들에 대한 어떠한 접촉도 허용하지 않았기 때문이다.

파티가 거의 마지막으로 다다르고, 모임의 주최자가 한 시인이 쓴 추모 시를 마지막으로 낭독한다. 이 시는 시인이 죽은 아들의 영혼을 대신해서 말하는 형식을 취하고 있다.

"… 불이 깜빡거릴 때 제가 온줄 알고 벌떡 일어나셨죠. 맞아요. 그때는 제가 엄마를 만나러 온 거예요. 불이 깜빡(우레너스)거릴 때 제가 온 줄 알고 벌떡 일어나셨죠. 맞아요. 그때 센서 등이 반짝 켜지는 거예요. 이제 보이지 않게 어머니가 차려놓은 밥을 먹고, 보이지 않게 어머니를 안아요. 다시 놓지 않으려고. 당신을 꼭 안아요… 혹시 제 생일파티에 아버지가 오셨나요? 제가 베트남에 있는 아버지에게 갔었어요. 이제 어머니와 예솔이 옆에 제가 없으니 아버지가 돌아와서 어머니와 예솔이를 꼭 껴안아달라고 말씀드렸어요. 사랑해요. 나의 애인, 나의 사랑… 그리운 보고픈, 그리운 어머니"

여인은 이제까지 참고 있던 눈물을 흘린다. 또한 남자이기 때문에 그동안 슬픔을 참고 있던 여인의 남편도 목 놓아 운다. 가족을 돌보지 못했다는 죄책감과 아들의 죽음에 대한 책임감으로 아내의 원망을 모두 껴안은 채 괴로움을 표현할 수 없이 인내해야 했던 아버지는 그동안 억눌러왔던 자신의 감정을 터뜨린다. 많은 시간을 스스로를 원망하고 자책했던 마음은 이 편지에 의해서 정화된다. 그리고 여인은 이제 자식을 마음에서 떠나보낸다.(물질세계에서 마지막까지 놓지 못하는 집착도 사랑도 모두 놓아버리고 자유로운 존재가 되는 우레너스)

♋. 어퀘리어스는 자신과 생각이 다르거나 좀 수준이 떨어지는 생각을 하는 사람들에게 신랄한 말로 자극하기도 한다. 차가운 바람을 가르는 검(劍)처럼 이들의 말은 때로는 다른 사람에게 칼처럼 냉정하고 잔인하게 느껴질 수도 있다. 어퀘리어스의 물질적 요소인 바람은 유니버설 웨이트 타로 카드에서 검으로 표현되는데, 이것은 말이 때로는 검과 같을 수 있음을 표현하는 것이다.

♒. 어쿼리어스는 책임이나 의무가 따르는 관계를 좋아하지 않는다. 바람둥이라는 평가를 받기도 하는 어쿼리어스의 룰러인 우레너스는 분리와 이별을 의미하기 때문에 결과적으로 그는 고독하게 될 수도 있다. 특히 7번 하우스에 우레너스 행성은 배우자 또는 파트너와의 관계에서 이별이나 이별에 상응하는 경험을 할 수 있음을 암시한다.

♒. 현대의 프로그래머들도 어쿼리어스적인 군상들이라고 말할 수 있다. 이들은 무미건조하고 때로는 기계적으로 보이도 한다. 어쿼리어스가 지향하는 개인주의와 핸드폰과 같은 어쿼리어스들의 산물은 이들은 더욱더 냉정한 개인주의자로 만든다.

♒. 어쿼리어스에게 정보는 매우 중요하다. 특히 이들은 정보를 통해서 네트워크를 이룬다. 인터넷상의 유명사이트에서 릴레이식으로 지성을 공유를 한다든지, 팔로워를 통해서 지구 끝의 사람들과도 네트워크를 형성한다. 동호회나 모임을 통해서는 인적 네트워크를 경험한다. 그러나 온라인으로 네트워크를 형성하든, 오프라인으로 네트워크를 형성하든 이들의 만남은 짧기 때문인지 이러한 모임을 번개에 비유하는 것이리라.

♒. 어쿼리어스 시대에는 정보를 공유하는 것을 넘어서 타인의 정보를 복제하고 도용하는 시대이기도 하다. 어쿼리어스의 번개와 같은 성질은 "먹튀"라는 신종용어를 낳기도 했다.

♒. 어퀘리어스의 개혁적 성향이 지나치면 파괴적 혼란을 야기할 수 있다. 어퀘리어스의 또 다른 룰러인 쎄턴은 이러한 어퀘리어스의 단점을 보충해준다. 우레너스의 개혁적이며 자유적인 마인드는 쎄턴의 엄격함과 규칙을 따르는 마인드와 서로 상보작용을 한다. 규칙과 억압을 경험해보지 않은 사람은 진정한 자유의 의미를 알 수 없다.

♒. 어퀘리어스가 가진 신념은 너무나 독창적인 것이기 때문에, 그는 모두가 예스라고 말할 때 노우라고 말할 수 있는 자이다. 그러나 성숙하지 못한 어퀘리어스는 단지 노우라고 말하기 위해서 노우를 말하고, 파괴하기 위해서 파괴할지도 모른다.

♒. 2번 하우스가 어퀘리어스인 개인은 수입이 일정치 않을 수 있다. 이들은 자유직을 선호하고 때로는 두 가지 직업을 통해 돈을 벌기도 한다. 상담사와 같은 파트타임 직업도 2번 하우스에 어퀘리어스가 있는 사람들이 돈을 버는 방식일 수 있다.

♒. 어퀘리어스의 지나친 이성주의는 그를 감정이 유리된 기괴한 사람으로 보이게 할 수도 있다. 그럼에도 불구하고 어퀘리어스는 다른 사람에 대한 공감 능력과 동정심이 풍부한 사람이라는 사실 또한 그가 지닌 모순 중에 하나다.

♒. 신화 속 인물 프로메테우스는 모든 신 중 가장 어퀘리어스적인 신이다. 그는 인간을 사랑하여 제우스의 명령을 거부하고 인간에게 불을 나눠주었다. 인간은 불로 인해서 엄청난 문명의 발전을 이루었

다. 현대에 어쿼리어스 싸인은 최고의 과학기술 문명을 의미하기도 한다. 8비트의 컴퓨터로 시작한 어쿼리어스적인 과학기술 문명은 물병자리 시대에 이르러 광속의 속도로 빛의 속도를 따라잡았다.

♒. 어쿼리어스는 때로 이탈과 배신의 싸인이기도 하다. 모든 싸인과 행성은 긍정적인 의미와 부정적인 의미를 모두 가진다는 사실을 잊지 말자. 강한 어쿼리어스는 많은 친구를 가질 수도 있지만, 어떤 우정도 만들지 못하는 고독한 섬일지도 모른다.

♒. 어쿼리어스 문명의 총아인 핸드폰이 개인의 가장 소중한 자산이 되어버린 이 시대에 부모들은 아가에게 게임기를 쥐여주고 자신은 핸드폰을 본다. 너무 어렸을 때부터 AI에 노출된 소년 소녀들은 부모에 대한 진정한 감사나 효도의 의미를 잃어버릴 수도 있다. 결국 어쿼리어스처럼 컴퓨터를 자신의 엄마로 대체하여 성장한 아이들은 진정한 인간애를 점점 잃어갈 수도 있다.

♒. 어쿼리어스는 천재적인 두뇌의 소유자이거나 독창적인 특기를 가진 사람들이다. 일찍부터 게임이나 컴퓨터에 관심이 많다. 특히 어쿼리어스가 넵튠의 영향을 받고 있다면 정신없이 놀이에 빠지거나 게임 중독에 빠질 수 있다. 특히 이들은 좋지 않은 친구를 만나 고생할 수 있기 때문에 이들의 우레너스 성향을 전자 악기나 컴퓨터 음악 작곡 쪽으로 이끌어주는 것도 좋은 방법이다. 아예 어렸을 때부터 게임 산업 쪽으로 진출할 수 있도록 관련된 공부를 시키는 것도 좋다. 즉 그래픽전문 교육과 함께 만화 또는 미술 쪽을 공부하게 해서 장차

컴퓨터 디자인이나 게임 아티스트 방향으로 진출을 고려해보아도 좋다. 전자 음악 쪽으로 취미를 가지게 해주는 것도 좋은 방법이다. 전자 바이올린이나 관악기에 소질을 보일 수 있다. 이들은 깊은 주의를 기울이지 않으면 부모 몰래 게임방 등에서 시간을 보낼 수 있으니 특별한 주의를 기울여야한다. 우레너스와 넵튠의 영향으로 머리는 탁월하지만, 사기성 있는 친구들에게 농락 또는 사기당하거나 본인이 그런 기질을 답습할 수도 있다. 예술계통으로 취미를 가지게 해서, 가슴 에너지를 발달시켜주도록 하는 것이 좋다. 인터넷 쇼핑몰 관리 쪽으로 진로를 가이드 해주는 것도 좋은 방법이다.

♒. 어퀘리어스의 연애운은 어떨까? 어퀘리어스는 독립적인 사람들이다. 이들은 메일이나 카톡 또는 페이스북 등 인터넷상에서 만남을 이어오다 연인이 될 수 있다. 또한 함께 게임을 즐긴다든지 오컬트 모임이나 번개 모임을 통해서 연인을 만날 수 있는데, 근본적으로 대화가 통하는 상대를 원한다. 이들은 열정적인 사랑보다 근원적인 자유를 원하는 사람들이므로 서로에게 충분한 시간적 공간적 자유를 줄 필요가 있다. 주말부부형식의 결혼 생활도 어퀘리어스들이 오랜 파트너십을 나누는 데 좋다.

♒. 1번 하우스가 어퀘리어스로 시작하는 사람들은 시대를 앞서 살아갈 운명을 타고난 사람들일 수 있다. 심층심리학의 창시자인 융박사가 그러했고, 아일랜드의 시인으로 노벨문학상을 수상한 윌리엄 버틀러 예이츠도 그러했다. 특히 윌리엄 버틀러 예이츠는 자신의 조국인 아일랜드의 오랜 식민지 생활에도 불구하고, 타국의 압제에 맞서

직접적으로 대립하기보다 아일랜드의 신화와 전설 그리고 문화를 통해 국민적 뿌리가 지닌 강인함과 영웅성을 되찾는 것이 더 중요하다고 생각했다. 그러한 예이츠의 성향은 당대에는 자국의 과격한 독립주의자와 정치가 그리고 국민들에게 비판을 받았다. 그러나 그의 시와 사상은 현대인들의 정신을 각성시키는 어쿼리어스적인 영향력을 느끼게 한다. 일반적으로 칼보다 펜이 더 강한 힘을 지닐 수 있다.

♌. 이들의 정신적인 능력과 지성 그리고 연연하지 않는 성향은 어쿼리어스를 매력적으로 보이게 한다. 따라서 이들은 매력적으로 다가오지만, 이들에게 집착하는 순간 어쿼리어스 연인은 사라져 버릴 수도 있는 바람 같은 존재이다. 바람이자 번개의 존재인 어쿼리어스는 바람둥이라고 평가받는다. 프로그래션 차트에서 우레너스가 길각으로 사랑의 행성을 트리거할 때 개인은 귀인이나 유명인을 만나서 갑작스러운 도움을 받을 수도 있다.

♌. 우레너스가 돈과 관련된 하우스나 행성과 좋은 관계를 맺는다면 개인은 갑자기 벼락부자가 될 수 있는 행운에 놓일 수도 있다.[11]

♌. 일반적으로 우레너스를 바람둥이로 보는 이유는 이들의 사랑은 오래가지 않기 때문이다. 우레너스는 1분 만에 누군가를 사랑했다가도 1분 만에 그 사랑이 식어버릴 수 있는 존재들이다.

---

11) 서양 예측 점성술의 기예(The art of predictive astrology/ 캐롤 러쉬맨 저. 로즈 임 지혜 역) 참조

♒. 7번 하우스가 어퀘리어스로 되어 있거나 어퀘리어스의 영향을 강하게 받고 있는 개인은 자신의 배우자를 쉽게 만나기 어려울 수 있다. 결혼 생활에서 잦은 이별의 위기를 겪기도 하는 이들 중 현명한 사람들은 주말부부의 형식으로 그 파트너십을 오래 유지하기도 한다. 이들에게 무엇보다도 중요한 것은 책임과 의무와 루틴(routine)이 강조되는 결혼 생활에서 되도록 많은 자유와 개인 생활을 보장해주어야 한다는 사실이다. 기러기 아빠로 표현되는 가정 풍조도 어퀘리어스적 삶의 한 표현이다.

♒. 이들은 정신적인 개척자로서 미래를 추구하고 과거에 연연하지 않는다. 차트에 물의 요소를 전혀 가지고 있지 않는 어퀘리어스들은 너무 차갑고 냉정해 보일 수도 있다. 물은 과거를 기억하고 추억을 간직하는 반면 애증의 고통을 겪기도 하는 싸인이다. 강한 바람의 지나친 이성은 마음에 걸리지 않으면 어떤 행동도 허용된다는 모순적 수사학으로 일상의 책임을 회피하기도 있다.

♒. 12싸인 중 어퀘리어스와 가장 비슷한 기질을 가진 존재는 에리즈다. 에리즈의 불기운은 어퀘리어스의 번개와 차이점과 공통점을 동시에 가진다. 이 두 싸인은 둘 다 빠른 속도를 지향하며, 한곳에 머무르는 것을 좋아하지 않는다. 또한 두 싸인 모두 모험과 자유를 사랑한다. 에리즈는 자극을 찾아 끊임없이 도전과 모험이 있는 곳으로 떠난다. 어퀘리어스는 과거의 모든 구태와 제약을 깨고 새로운 정신을 찾아 끊임없이 자신 앞에 놓인 경계를 깨는 싸인이다. 이 두 싸인의 여러 가지 공통점에도 불구하고 이들을 나누는 가장 큰 특징 중 하나는

에리즈의 도전과 모험이 궁극적으로 정복을 목적으로 하는 반면, 어쿼리어스의 궁극적 목적은 정신적인 대 자유를 목적으로 한다는 사실이다.

☙. 어쿼리어스를 천재들의 싸인이라고 부르는 것은 바로 어쿼리어스 시대를 목전에 두고 최고의 과학기술 문명을 누리고 있는 이 시대의 문명이 증명한다. 음악가 모차르트도 어쿼리어스 스텔리움을 가진 강한 우레니언 성향의 음악가였다. 모차르트를 다룬 영화 "아마데우스"에서는 그의 기이한 성벽과 하늘에서 번개 맞는 듯 번쩍이는 천재적인 음악성이 끊임없이 발산되는 모습을 잘 보여준다.

☙. 어쿼리어스는 자유와 자유 정신을 지향하는 듯이 보이지만, 내면에 한 번 세운 신념은 절대로 설득할 수 없는 정도로 강한 것이다. 그는 자신만의 리듬에 따라 사는 사람으로서 내면의 강한 신념을 따른다. 그의 패션 감각은 랄프로렌 스타일의 옷으로 자신을 표현하기도 했던 70년대 미국의 여피족으로 표현된다.[12] 전통을 따르면서도 최신의 문화와 문명이 부여한 최신식의 기술을 탑재한 어쿼리어스를 만나기는 거의 쉽지가 않다.

☙. 케프리컨이 지배하는 10번 하우스에서 최고의 전성기를 맞이했던 개인이, 11번 하우스에 와서는 점성술을 배우거나, 각종 동호회를 통해서 재산이나 커리어 성별 또는 나이와 관계없이 사회 각계각층

---

12) 서양 예측 점성술의 기예(The art of predictive astrology/ 캐롤 러쉬맨 저. 로즈 임 지혜 역) 참조

의 사람들을 만나는 것은 쎄턴과 우레너스의 공존이 동시에 함께 공존하기 어려움을 증명하기도 하는 것이다. 과거에 암행어사는 왕의 권위를 대행 받은 사람들이었다. 그들은 평소에는 동네 주막에서 백성들과 함께 술을 마시고 광대놀음을 즐기면서 마을을 탐색하다가, 고을 사또가 백성을 착취하는 비윤리적인 현장을 적발하고 벌하기 위해서 마패를 꺼내서 자신의 신분을 드러내는 행위는 암행어사의 어쿼리어스적 성격을 보여준다.

♒. 어쿼리어스는 매우 지성적인 싸인이다. 그는 정신의 끊임없는 각성을 원한다. 그러나 그는 책상지식인이 될 가능성도 많다. 모든 것은 그의 머릿속에서 일어나기 때문이다. 그러나 그는 통찰력을 가지고 자신이 만나는 모든 생각의 경계를 깨려고 노력함으로써 그 지성의 스케일을 끝없이 넓힌다. 창공을 의미하기도 하는 어쿼리어스는 무한대의 싸인이다. 이것은 그의 상징인 두 줄의 지그재그 심볼이 끝없이 흘러가는 모습으로 예측할 수도 있다.

♒. 어쿼리어스들은 자신의 두 가지 룰러인 쎄턴과 우레너스를 조화롭게 사용하지 못한다면 혼란의 결과를 얻을 수 있다. 이들은 자신의 보헤미안적 기질을 합리적인 규칙과 공존을 위해 마땅히 따라야 할 질서를 무시한다면 무의미한 파괴자로서의 인생을 살 수도 있다. 책임을 모르는 자유는 방종이고 아름답지 못하다.

♒. 어쿼리어스는 변화를 반기며, 예측할 수 없는 미래를 사는 싸인이다. 현대를 사는 젊은 부부들은 미래를 기약할 수 없다는 이유로 집

도 사지 않고 아이도 낳지 않으며, 연휴에는 차례도 지내지 않고 해외로 떠난다. 이들의 모습은 광대가 가방 하나 재산 삼아 덜렁 매고 떠나는 것과 비슷한 느낌을 가지게 된다. 제머나이에서 시작된 바람의 산만함은 어퀘리어스에 와서 혼란과 소동으로 바뀌기도 한다.

♋. 8번 하우스에 어퀘리어스의 룰러인 우레너스가 위치한다면 죽음과도 같은 사건을 통한 변화를 경험할 수 있다. 만일 변화하지 않는다면 죽음과도 같은 사건을 당할 수도 있다. 우레너스는 천벌을 의미하기 때문이다. 하늘과 관련된 사건, 가령 비행기나 천재지변에 의한 사고 등은 우레너스가 의미하는 사건이다.

♋. 트랜짓 우레너스와 트리거 된 쎄턴은 고정관념을 깨야만 하는 많은 사건들을 경험한다. 형식과 권위 그리고 절대로 움직일 것 같지 않은 쎄턴의 벽은 우레너스적 사건들에 의해서 심하게 파손당하기도 한다.

♋. 10번 하우스에 위치하는 우레너스는 잦은 직업의 변화를 예측하게 한다. 우레너스의 주변 환경이 양호하다면 이러한 개인은 알 수 없는 행운에 의해서 높은 커리어나 직위의 사람을 만나거나 스스로가 그러한 자리에 오를 수 있다. 그러나 알 수 없는 사건에 의해서 갑자기 커리어나 지위에 변화가 오는 경험을 할 가능성이 많다.

♋. 어퀘리어스의 금전운은 어떨까? 어퀘리어스가 2번 하우스에 위치하면 수입이 들쑥날쑥하다. 자유직을 선호하고 두 군데 이상의 수

입원이 있을 수 있다. 파트타임 형식으로 돈을 벌 수 있으며, 인터넷 뱅킹을 통해서 수입이 들어오거나, 인터넷 쇼핑몰과 같은 사업을 통해서 소득을 얻기도 한다.

♒. 어퀘리어스는 그룹 활동을 즐긴다. 현대의 동호회나 카페문화 그리고 번개 모임 등은 어퀘리어스의 소산이다. 흩어졌다 모였다를 반복하는 동호회 문화는 한 곳에 오랫동안 소속되기를 원하지 않는 어퀘리어스의 특성을 반영한다.

♒. 정보 시대를 의미하기도 하는 어퀘리어스 시대의 분위기에서 사람들은 새로운 정보와 시대의 흐름을 읽기 위해서 동호회에 참여하기도 한다. 과거에는 물을 지배하는 자가 세상을 지배할 것이라고 말했지만, 어퀘리어스 시대에는 정보를 지배하는 자가 세상의 흐름을 주도한다. 정보의 진위는 힘을 가진 자에 의해서 결정된다. 따라서 미래사회의 리더가 도덕적인 인물이 될 것이라는 지식인들의 예측은 정보를 사용하는 사람들의 도덕성의 중요성을 암시한다.

♒. 어퀘리어스는 최신의 문화를 추구한다. 현대의 문명은 어느 분야에서도 정보의 흐름을 주도하는 인터넷 문명과 연관이 되어있다. 정보를 선별할 줄 아는 능력을 가진 인물은 사회의 흐름을 주도할 수 있다. 그러나 기발한 머리와 천재성이 도덕성을 보장하는 것은 아니다. 머리와 가슴의 조화는 어퀘리어스의 두 룰러인 우레너스와 쎄턴의 조화만큼이나 어려운 일이다.

♒. 어쿼리어스는 반항과 개혁의 싸인이지만, 자신에 대한 도전은 용납하지 않는 경향이 있다. 어쿼리어스의 바람 기질이 이들의 물질적 욕망을 허용하지 않는 것처럼 이들의 개혁적 마인드가 개인적 욕망과 사리사욕을 위한 것이라면 어쿼리어스는 부정적인 작용을 하게 될지도 모른다.

♒. 어쿼리어스를 이해하기 위해서 앞서 소개한 인터넷 문화를 이해하는 것이 필요하다. 인터넷이란 결국 무엇인가? 이것은 연결망 즉 네트워크 시스템이다. 어느 지역에서건 개인과 세계를 연결해 줄 수 있는 기능을 가진 것이 바로 인터넷이다. 이것은 '한 알의 모래에서 세계를 보고, 한 떨기의 들국화에서 천국을 보듯'이 미약한 한 개인이 인터넷 시스템을 통해서 세계 그리고 우주와 연결되는 것이다. 이것은 더 이상 왕관이 왕이라는 '유아독존적인 개인'에게 주어지지 않음을 의미한다. 인터넷이 의미하는 거대한 연결망 속에서 누구나 자신을 중심으로 연결망을 펼쳐나갈 수 있다. 그러나 인간은 둘만 모이면 자신의 조직을 강화시키려고 하는 존재이기 때문에 연결망이 너무 많은 개인들은 구태의연한 왕 노릇을 하는 경우도 있다. 이것은 어쿼리어스의 부정적인 작용이라고도 할 수 있다.

♒. 어쿼리어스는 남성적이며 공기의 성질을 지니며 픽스드 싸인이다. 지배성인 우레너스는 고대 하늘의 신을 의미한다. 우레너스는 1781년에 최초로 발견됐다. 어쿼리어스의 행운의 숫자는 1과 7이다. 이들의 색상은 전기 빛의 파랑색이거나 창공의 푸른색이다. 대표 금속은 우라늄이다. 이들은 창조적이고 발명적이고 비 관습적이며 괴벽

하다. 그러므로 협소한 마음을 지닌 사람들에게 주로 공격을 받는다. 물병자리 사람들은 특수한 상황에 들어가 별난 사람들과 사귀는 경향이 있다. 희망과 꿈의 싸인이며 친구와 바램의 싸인이다. 본래 세상의 더 큰 문제들에 관심을 갖는 이상적 인본주의자들이기도 하다. 하지만 개인적 관계에서는 초연하다. 이들을 지배하는 키워드는 "나는 안다."이다.

§ 12. 파이씨즈(Pisces)

2월 20일 ~ 3월 20일

♓ 키워드 (Rulership:도마사일 ♆, ♃/익졸테이션 ♀)

대양, 정화, 우주적 통합, 우주적 사랑, 직관적인, 감정을 믿는, 이미지스트, 상대를 꿰뚫어 보는, 감수성이 예민한, 이끌려 들어감, 낭만적인, 서정적인, 끊임없이 베푸는, 환상에 가득 찬, 몰입해서 춤추며 자신만의 세계에 이끌려 들어감, 사랑에 속고 사랑에 우는, 시인, 예술가, 영적인, 에고의 부재, 혼란, 사기, 기만, 술, 희생적 사랑, 자기기만, 중독, 음악, 예술, 마약, 입원, 불능, 무기력, 꿈, 혼동, 미몽, 예술가, 힐러, 물고기, 왕따를 당하거나 왕따 시키는, 명상가, 숨겨진 적, 고립과 고독, 레이스를 좋아하는, 강요에 의한 희생, 내과 의사, 간병인, 최면술사, 마취 의사, 폭력에 휘말리는, 자신만의 안경을 쓰고 상대를 바라보는, 에고

부재, 주변의 상황에 흡수되는, 주변인의 감정에 물드는, 폭력적인, 연약한, 폭력에 희생되는, 영적인, 의존하는, 알 수 없는 매력의 소유자, 비밀스러운, 오래된 비밀이 드러나는, 정신병원, 명상센타, 종교인, 자신을 희생해서 타인을 살리는

♋. 파이씨즈는 거대한 바다의 싸인이다. 서양에서는 포세이돈, 동양에서는 용왕님으로 표현하기도 한다.

♋. 파이씨즈는 거대한 바다의 성질을 가지고 있다. 드넓은 바다가 이 세상의 모든 물을 받아들이는 것처럼 파이씨즈들은 남과 쉽게 동화되는 타고난 천성을 가졌다. 이들의 이러한 성품은 다른 사람과 함께 있을 때 그들의 기분에 그대로 동화되기도 한다.

♋. 파이씨즈들은 자신의 에고를 어느 정도 지키려고 의도적으로 노력할 필요가 있다. 그렇지 않으면 상대에게 어떠한 대가도 돌려받지 못하면서, 자신을 모두 줘버리고 마는 결과를 낳을 수도 있다. 이러한 이유에서 파이씨즈를 희생과 연관된다. 그는 물처럼 타인에게 이끌려드는 성질은 에고의 용매제인 우주적 용매제로서의 위치를 차지하기도 한다.

♋. 파이씨즈는 꿈과 몽상의 싸인이자 사기와 기만의 싸인이기도 하다. 파이씨즈는 풍부한 상상력의 소유자로서 차트가 힘이 있고 싸인과 행성의 배합이 좋다면 자신의 꿈을 실현시킬 수 있다. 예술가들의 싸인인 파이씨즈는 발을 의미하기도 한다.

♋. 파이씨즈는 강렬한 이미지스트들이다. 외부로 발산되지 못한 파이씨즈의 열정은 상상과 꿈의 세계에서 실현된다. 파이씨즈 마쓰는 예술가로서 자신의 몽상을 구체화시킬 수 있는 아티스트의 잠재성을 가진다. 파이씨즈 마쓰는 댄서들의 조합이기도 하다. 파이씨즈들은

풍부한 상상력과 예술적 감각 그리고 뛰어난 직관을 지녔지만 뛰어난 수용성을 지녔다.

♓. 파이씨즈는 종교인이나 영매들에게 발달된 싸인이기도 하다. 우주적 용매나 스펀지로도 표현되는 이들은 주변의 분위기를 너무 잘 흡수하기 때문에 부정적인 사람들과 있으면 우울증을 겪을 수도 있다.

♓. 파이씨즈의 금전 운은 어떨까? 파이씨즈는 사기에 곧잘 연루된다. 따라서 금전운을 따지기 전에 각종 사기와 관련해서 속지 않도록 조심해야 한다. 특히 자신의 2번 하우스가 파이씨즈의 지배를 받고 있다면 돈 문제에 있어서 극히 조심해야 한다. 이들은 다른 사람의 입 바른 말에 현혹되어서 자신의 돈을 쉽게 빌려주거나 쉽게 투자할 수 있다. 상담사로서 일하거나 댄서나 각종 예술 관련 아티스트 또는 영화 관련 일이나 댄서 등으로 돈을 벌기도 하며, 여성적인 옷들이나 속옷 관련 사업으로 돈을 벌 수도 있다. 약품 제조업이나 수산업 또는 어부나 보트 그리고 요트 등의 선박운행으로 돈을 벌 수도 있다. 염전 사업을 하거나 특히 2번 파이씨즈 하우스에 달이 있는 경우, 홈 쇼핑의 유혹에 지름신이 내려서 질러버리지 않도록 조심해야 한다. 이들은 근본적으로 바다와 같은 돈복이 있지만, 돈이 바닷물처럼 이들의 손가락 사이로 빠져나갈 수 있기 때문에 조심할 필요가 있다.

♓. 파이씨즈들은 자신의 신체를 현실을 사는 동안 일시적으로 부여받은 불편한 옷으로 생각하는 경향이 있다. 이것은 이들의 몸이 약하기 때문이기도 하다. 특히 파이씨즈 라이징이거나 파이씨즈 태양인

사람들은 신체적으로 원인을 알 수 없는 병에 오랫동안 시달렸거나, 살아오면서 주변 사람들에게 괴로움을 당하는 경험이나 왕따의 경험을 했을 가능성도 있다. 그러나 강한 차트를 가진 파이씨즈들은 오히려 주변 사람을 괴롭히면서 살아온 경험을 가졌을 수도 있다.

♋. 파이씨즈는 제한과 한계 그리고 불능과 같은 의미를 가진다. 천궁도의 12번 하우스를 지배하는 파이씨즈는 모든 싸인 중 가장 성숙한 싸인이자 인생의 모든 경험을 통합해야 하는 싸인이기도 하다. 어퀘리어스가 정신적 통합을 의미한다면 파이씨즈는 물질적 통합을 의미한다. 따라서 바다에 자신의 몸을 녹일 수밖에 없는 소금인형으로 표현되기도 한다.

♋. 프로그래션 문이 파이씨즈에 들어갔을 때 2년 이상 눈물을 흘리는 삶이 일상이 될 수도 있다. 이 기간 동안 사람들은 수시로 감상에 빠지기도 하고 인생에 대해 깊은 의미를 돌아보게 되고 봉사활동을 하거나 종교에 귀의하기도 한다. 발에 관련된 질환에 걸리기도 한다.

♋. 파이씨즈의 사랑을 우주적 사랑으로 표현하는 이유는 무엇인가? 그의 상징인 꼬리가 하나인 물고기 속에서 그 답을 찾을 수 있다. 각기 다른 의지를 가진 두 마리의 물고기는 다른 한 마리가 움직일 때마다 그를 따라가야 한다. 만일 그렇지 않고 저항한다면 이들은 꼬리가 끊기는 고통을 얻을 것이다. 따라서 굴복과 희생을 의미하는 싸인이기도 한 파이씨즈의 삶에는 항상 이러한 의문이 항상 제기된다. "저항할 것인가? 아니면 굴복할 것인가?"

♋. 파이씨즈는 현실에서보다 영적인 측면에서 더 많은 복을 가진 싸인이다. 현실에서 파이씨즈의 삶은 일생의 어떠한 시기는 많은 고통을 받는 삶을 살았을 수 있다. 이것은 거대한 바다에 이르기 위해서 물이 겪어야 하는 여로에도 비유할 수 있다. 마침내 지상의 모든 곳을 경험한 파이씨즈가 마침내 바다에 도달했을 때 그는 바다와 하나 됨으로써 우주적인 대 자유를 얻는다.

♋. 파이씨즈는 중독의 싸인이기도 하다. 파이씨즈는 선택해야만 한다. 자신이 일상에서 겪는 고통을 참고 인내하고 견디고 기꺼이 굴복함으로써 심오한 정신을 얻을 것인지, 아니면 고통스러운 삶을 회피하거나 자신의 고통을 피하기 위해서 알콜이나 약물 등을 선택하여 중독의 삶을 살 것인지…

♋. 파이씨즈는 내면에서 뚜렷한 이미지들을 보기도 한다. 이들에게 예술가의 정신을 부여한 내면세계는 풍부한 상상력으로 가득 차 있다. 그러나 예술가로서의 삶을 살거나 영적인 믿음을 가지지 못한다면 이들의 뛰어난 능력은 중독과 미몽에서 고통받는 나날로 점철될 수도 있다.

♋. 파이씨즈에게는 그의 기호가 표상하는 바와 같이 두 가지 상황이 극단적으로 드러나기도 한다. 예술가로서 최상의 위치에 서든지 아니면 가난한 예술가로서 생활고와 중독에 빠지든지 말이다. 삶에서의 고통과 가난은 파이씨즈를 종교와 명상에 몰입하게 할 수도 있지만 바로 중독에 빠지게 할 수도 있다.

♓. 파이씨즈적인 성향은 모든 사람에게서 신의 모습을 본다. 파이씨즈적인 술도 모든 사람에게서 자신의 모습을 보게 한다. 술을 마시면 일시적으로 세상이 아름다워 보이고 모든 사람이 나의 형제처럼 느껴지는 이유는 술은 사람들이 에고를 일시적으로 녹여버리는 효과가 있기 때문이다. 그러나 술이 깬 아침에 전날에 자신이 한 행위에 어이가 없어서 곧잘 냉정한 모드로 빠지기도 한다.

♓. 파이씨즈는 어렵고 힘든 사람들에게 애정을 느끼는 경우가 많다. 흔히 자신만의 안경을 쓰고 대상을 바라본다는 평가를 받기도 하는 이들은 성공한 사람들보다 어려운 사람들에게 이끌리는 경향이 있다.

♓. 우주적 사랑이란 에고를 넘어선 사랑이다. 진화된 파이씨즈는 아가페적 사랑을 할 수 있다. 즉 이들은 모든 인간에게서 신의 모습을 찾아낸다. 처절하게 고통받는 소년의 사진을 보고 인간이 왜 저런 고통을 받아야하느냐고 묻는 청년에게 파이씨즈는 말한다. "저기 신의 모습이 있다!" 파이씨즈에 여러 개의 행성을 가진 예수님이 겪은 십자가의 고통은 바로 인생에서 파이씨즈가 겪어야 할 고통을 예단하게 한다.

♓. 파이씨즈는 눈물과 슬픔의 별자리다. 그가 가진 천성적으로 타인에게 이끌려 드는 성격 때문에 파이씨즈는 12싸인들 중 가장 경계를 구분할 줄 모르는 싸인이라는 평가를 받기도 한다. 반면 파이씨즈와 대극을 이루는 버고는 12싸인 중 가장 경계 구분이 확실한 싸인으로 나와 타인을 확실하게 구분한다.

♋. 파이씨즈는 물고기 두 마리가 마주 보고 텔레파시로 마음을 전하는 별자리 싸인이다. 이것은 둘 간에 무언의 대화가 가능하며 침묵을 통해서 서로의 마음을 전달하는 매우 숭고한 관계를 의미하기도 한다.

♋. 파이씨즈는 건강이 썩 좋지 않다. 특히 넵튠이 어플릭트 된 사람들은 물가나 바닷가와 같은 장소를 조심해야 하며, 술로 인한 급성질환과 만성질환 및 알콜 중독을 조심해야 한다. 호르몬이나 면역과 관련된 질병을 주의해야 하며 만성 우울증에 시달릴 수 있다. 발에 관련된 질병을 주의해야 한다. 또한 넵튠과 머큐리가 좋지 않은 각을 형성한 경우 음주 상태에서 특정 계약서에 싸인하지 않도록 조심해야 하며 계약이나 법정서류와 관련해서 판독을 잘못하여 일어나는 사고들에 주의해야 한다. 또한 배와 같은 해양 운송 수단 탑승 시 사고에 주의해야 한다. 특히 안개로 인한 교통사고에 주의해야 하며, 각종 중개 관련 사기 사건에 연루되지 않도록 주의해야 한다.

♋. 파이씨즈의 학업 운은 어떨까? 3번 하우스에 파이씨즈가 배치된 사람들은 청소년 시기에 술이나 약물 등의 중독을 경험할 수 있으므로 조심해야 한다. 학교 폭력의 피해자나 가해자가 될 수 있고 왕따를 경험하거나 왕따 가해자가 될 수 있으므로 주의해야 한다. 또한 학업보다는 학창시절 영화나 노래 등 예술이나 대중문화에 관심이 많을 수 있다. 또한 자신의 형제나 지인들이 예술이나 문화에 관심이 많거나, 예술계통 종사자였을 수 있다. 예술 중학교나 예술 고등학교를 다녔을 가능성도 있다. 특히 학창시절 의사표시를 정확히 하지 못한다거나 모호한 표현으로 학교나 지인들에게 왕따를 당하거나, 자신이

오히려 그런 사람들을 왕따 시켰을 가능성이 있다. 특히 5번 하우스가 파이씨즈인 사람들은 대학 진학 시 영화 관련 학과나 음악, 미술 등의 예술계통 학과를 선택할 수도 있다. 학창시절 종교에 대한 관심으로 미래에 종교 관련한 직업에 종사하게 될 가능성도 없지 않다.

♋. 파이씨즈는 영화나 필름, 그리고 사진이나 영상과 관련된다. 서정적이고 가슴에 우수와 감정을 강하게 전달하는 별자리이다. 영화배우나 멜로 배우 등에서부터 사진작가까지 그리고 드라마 작가를 포함하여 사람들의 감성과 감정에 호소하는 사람들의 직업을 나타내기도 한다. 또한 6번 하우스가 파이씨즈인 경우 동물 심리치료사와 같은 직업에 종사하거나 술 관련 직업 또는 상담직을 가질 수 있다.

♋. 파이씨즈가 10번 하우스에 위치하고 태양이나 마쓰 또는 비너스 그리고 넵튠과 같은 행성이 위치한다면 영화배우로 이름을 날릴 수 있다.

♋. 파이씨즈 Asc를 지닌 사람은 배우자 하우스에 버고 Dsc를 지닌다. 자신의 희생만큼 배우자의 희생을 요구하고 배우자도 배우자 자신의 희생만큼 파이씨즈의 희생을 요구한다.

♋. 파이씨즈는 심리학자, 간병인, 종교인, 명상가, 거지, 아티스트, 미술가, 음악가, 자선사업가, 어부, 대중 예술가(가수, 영화배우 등 연예업계 종사자 및 대중 음악가, 시나리오 작가 등) 술 관련 종사자, 마취의사, 약품 판매인, 상담가, 심리학자, 간수, 영화감독, 만화가, 사진작가, 수도사, 비밀거래와 관련된 직업, 마약판매인, 스파이, 신비주의

자, 수녀, 동물관리사 등의 직업에 종사할 수 있다.

♏. 파이씨즈는 고통받을 것이냐 굴복할 것이냐의 주제를 가지고 심각한 고뇌에 빠지는 시간을 경험할 수 있다. 파이씨즈의 상징인 꼬리가 서로 붙어있는 두 마리의 물고기는 행동하기 위해서는 다른 한 마리의 희생이 필요하다. 만일 거부한다면 꼬리가 찢어지는 고통을 겪게 된다, 동화 인어공주에서 인간 왕자를 사랑한 파이씨즈가 인간이 되기 위해서 자신의 목소리를 대가로 인간의 발을 얻었지만, 그녀는 인간이 되어서도 걸을 때마다 발에 찢어지는 고통을 겪어야 했다. 이것은 파이씨즈가 신체 부위의 발을 의미하기 때문이다.

♏. 파이씨즈는 시련을 나타낸다. 이 시련은 은닉되거나 숨겨진다. 그리고 뜻밖의 형태로 발현된다. 과거의 숨겨진 비밀은 숨겨진 적으로서 파이씨즈에게 존재한다. 파이씨즈 하우스에 흉성(토성과 화성)은 이 하우스에서 파이씨즈가 심한 고통을 겪을 수 있음을 의미한다. 시련과 숨겨지고 은닉된 어려움과 적들이 언젠가 발동하게 된다.

♏. 파이씨즈가 지배하는 12번째 하우스에 태양이 들어간 사람들은 태양이 어플릭트 당할 때 심각한 사고를 경험하거나 잘나가던 직장에서 잠재적인 은퇴를 경험할 수 있다. 태양은 생명 에너지를 의미하기 때문에 건강에 심각한 이상을 가져올 수 있다.

♏. 파이씨즈는 감금과 구속 그리고 감옥을 뜻하기도 한다. 파이씨즈가 커스프 싸인으로 2번 하우스에 위치할 때 우리는 2번 하우스를 파

이씨즈 하우스라고 말한다. 2번 하우스의 돈, 재산, 그리고 가치의 문제들이 나의 의지와 반대로 숨겨진 적이나 타인에 의해서 쓰이거나 이용되는 상황이 발생한다. 돈을 사기당할 수도 있고 돈을 쓰는데 제약과 구속이 따를 수 있으며, 특히 감옥이나 감금된 사람들을 관리하거나 그들로부터 돈을 받을 수 있다. 파이씨즈 2번 하우스는 돈이나 재산 그리고 자신의 가치가 어둡고 언더그라운드적인 인연들을 통해서 축적되거나 그들에게 전해지기도 한다.

♋. 파이씨즈가 3번 하우스에 위치한 사람들은 문서 관련 사고를 조심해야 한다. 이들은 학창시절 공부보다는 멍하게 상상에 빠지는 시간을 자주 경험한다. 언어에 있어서 문제를 겪을 수 있는데 특히 정확하지 못한 의사 표현이나 임기응변 능력이 떨어져 순간을 모면하는 기지를 발휘하지 못하고 일이 모두 끝난 후 왜 그때 그렇게 말하지 못했을까 하는 후회를 경험하는 순간이 많을 수 있다.

♋. 5번 하우스에 파이씨즈를 가진 사람들은 특히 자신의 끼를 예술 관련 쪽으로 발산시킬 필요가 있다. 만일 차트에 힘이 없고 5번 하우스의 룰러가 어플릭트 된 경우에 사람을 사귀는데 특히 조심해야 한다. 연애에서 희생자가 될 수 있고 술을 지나치게 좋아하거나 일상에 혼란을 가져올 정도로 놀이에 빠질 수도 있다. 특히 5번 하우스가 어퀘리어스로서 하우스 안에 넵튠이 위치한 경우 심한 게임 중독에 빠질 수 있다. 컴퓨터 음악이나 피리, 풀루트 등의 악기를 배워보는 것도 이러한 에너지를 긍정적으로 승화시키는 방법이다.

♋. 파이씨즈 에너지는 조심해서 사용하거나 다루어야 한다. 잘못하면 사기성 기운이나 숨겨진 불행을 건드릴 수 있고, 잘 활용하면 꿈과 낭만 그리고 서정성과 신비주의를 통해 정신적 치유와 힐링을 이룰 수 있다.

♋. 넵튠이 2번 하우스에 위치할 경우, 그리고 파이씨즈가 8번 하우스 커스프 싸인일 경우, 이 사람은 영적 소설이나 영성 작가로서 부활하며, 큰돈을 벌게 될 수 있다. "신과 나눈 이야기"의 작가로 도날드 월쉬가 그 대표적인 사례이다. 특히 머큐리가 넵튠과 2번 하우스 리브라에서 합각을 이룬다.

♋. 파이씨즈 비너스는 사랑에 환상에 빠져서 자신의 인생을 살지 못할 가능성이 있다. 그러나 파이씨즈 비너스가 힘 있는 불 에너지와 연루된 경우 이들은 사랑에 있어서 풍요로운 애정을 보이지만 희생적인 삶을 살지는 않는다. 이들은 지성으로 불가능한 연인을 선별하는 안목이 있기 때문이다. 또한 예술이나 영화 또는 연극 관련의 문화 컨텐츠에서 엄청난 두각을 나타내기도 한다. 바브라 스트라이젠트는 12번 하우스가 파이씨즈 비너스로서 가수로서 뿐만이 아니라 엔터테이너의 엔터테이너라는 이름을 얻을 정도로 문화예술계의 큰손으로 활동했다.

♋. 파이씨즈는 자신의 숨은 적을 나타내는 싸인이다. 따라서 파이씨즈가 있는 하우스나 넵튠은 숨은 적과 관련된 사건과 연루되므로 비밀 사건이나 음모, 그리고 알 수 없는 사건에 대해서 주의 깊게 살펴

봐야 할 곳이다. 특히 주인공의 숨겨진 적이나 불편한 진실을 알려주는 곳이 파이씨즈이므로 상담시 이곳에 초점을 두어, 이야기할 때는 신중하고도 각별히 유의해야 한다.

☞. 파이씨즈는 상담가로서 좋은 자질을 펼칠 수 있다. 운디드힐러(Wounded Healer)[13]로서 자신이 겪은 고통을 바탕으로 타인의 고통에 대해 심도 깊은 이해와 상담이 가능하기 때문이다. 그러나 이들은 타인에게 지나치게 동화됨으로써 자신의 에너지가 너무 고갈되지 않도록 하는 지혜가 필요하다. 특히 버고 넵튠은 타인에게 동화된다고 하더라도 쓸데없는 자비를 베풀지 않도록 상황을 선별하는 능력을 가지고 있다. 즉 이 사람이 정말로 도움을 주어야하는 사람인지 또는 아닌지를 구별할 수 있는 능력을 가진다.

☞. 1번 하우스의 커스프 싸인으로 파이씨즈가 걸쳐 있으면, 그는 파이씨즈 성향의 페르조나를 보인다. 파이씨즈는 냉담하고 무심하고 초연하며, 가슴에서의 연민을 느끼는 사람이다. 이러한 캐릭터는 사람들에게 그리 깊게 인상 지어지지 않으면 있어도 없는 사람처럼 사람들과 동떨어져 있기도 하다. 그러나 그에게 가까이 가게 되면 어느새 그의 숨은 매력에 동화되어 끌리거나 이끌림으로 빠져든다. 그는 잠자는 공주처럼 조용히 기다리다가 그녀를 깨우면 그녀는 그 후 그에게 많은 숨은 이야기를 공유할 수 있는 꿈속의 소녀와도 같은 캐릭터이다.

---

13) 운디드 힐러(Wounded Healer)란 상처받은 치료사로 직역된다. 어렸을 때부터 겪은 많은 고통과 아픔, 그리고 그것을 극복하는 과정 속에서 타인을 치유할 수 있는 치유능력을 가지게 된 힐러를 일컫는다.

♋. 넵튠과 비너스 어스펙트는 특히 인연을 주의해야 한다. 아무 사람하고 연애하지 않는 것이 좋다. 눈물을 펑펑 흘릴 일이 생길 확률이 많기 때문이다. 이들에게 사랑은 끔찍한 노래일 수도 있다.

♋. 1846년에 최초로 넵튠이 발견됐을 때 마취가 일반 의료용을 사용되고 있었으며, 최면을 의학에 적용했다. 10년 후인 1856년에 지그문트 프로이드가 태어났다. 프로이드의 무의식에 대한 심리적 연구는 획기적인 정신병 치료로 부각되었다.

♋. 파이씨즈는 우정이든 연애든 사람을 조심해서 사귀어야 한다. 그는 관계에서 매번 속임을 당할 수 있는데, 그것은 상대를 자기기만이라는 안경을 쓰고 바라보기 때문이다. 따라서 자신이 희생당하거나 타인을 희생시킬 수도 있다.

♋. 파이씨즈가 자신의 본연인 거대한 바다로 이르는 길에는 수많은 고통이 따른다. 바다로 돌아가기 위해 한 방울의 물은 세상의 모든 물들을 경험해야 하기 때문이다. 바다는 바로 다름이 아닌 물 본연의 근원적 모습이다. 그 물은 빗방울일 수도 있고, 개수대에서 흘러나온 설거지물일 수도 있다. 화장실에 버려진 물일 수도 있고, 우물에서 기르다가 버려진 물일 수도 있다. 이런 물들은 관을 통해 도로를 따라 흘러들어온 물들과 합해지고 흐르고 흘러서 결국 바다에 이르게 된다.

♋. 그런데 파이씨즈가 현실에서 거듭되는 고통을 받는 이유는 파이씨즈가 초월적 사랑 또는 우주적 사랑을 의미하기 때문이다. 이러한

사랑은 사랑과 인간사의 부질없음을 깨달아야만 얻을 수 있는 사랑이기 때문이다.

❧. 파이씨즈는 예술과도 관련이 깊다. 그는 현실인 성격이 못 된다. 게다가 몸이 약하기 때문에 활동적이지 못하다. 그러나 풍부한 상상력을 가지고 있다. 현실에서 이룰 수 없는 꿈을 몽상으로 상상한다. 발, 호르몬계, 면역계, 정신병, 우울증, 부인과 계열의 질병에 주의해야 한다.

❧. 파이씨즈는 타고난 예술가다. 풍부한 상상력과 꿈은 예술의 근원이다. 그러나 예술성을 현실화시킬 수 있는 현실성을 보충해야만 한다. 예술은 금전적 뒷받침이 필요한 반면, 영적 싸인인 파이씨즈는 경제적으로 풍요로운 편은 아니다. 이들은 아티스트 계열의 모든 학업이 가능하다. 만화, 미술, 음악, 무용, 시, 영상학과, 영화학과, 모델학과, 의류학과 계열 전공 등이다.

❧. 파이씨즈는 성공과 실패 어느 한쪽에도 연연하지 않는 몽상가이며, 천부적으로 꿈을 좇는 비전가이자 명상가이다. 파이씨즈는 두 가지 특성을 동시에 갖는 제머나이 싸인처럼, 두 가지 상반되는 기능을 갖는다. 하나는 꿈꾸고 표류하며, 어디에도 걸리지 않는 자유로운 사람이며, 둘째는 보다 높은 차원에서 에너지를 받아들이며, 직관으로 세상을 통찰하는 비전가이자 타인을 치유하는 상담사이며 힐러이다.

◑. 파이씨즈의 금전운은 어떨까? 파이씨즈가 2번 하우스에 위치한다면 휘말려서 돈을 지출하는 것에 조심해야 하고, 다른 사람의 동정심에 현혹되어 빚보증이나 돈을 빌려주지 않는 것이 좋다. 그는 돌려받지 못하는 사기 사건에 연루될 수 있다. 아일랜드의 시인 예이츠는 2번 하우스에 파이씨즈를 가지고 있고, 직업 시인으로써 자신의 능력을 크게 발휘했다. 특히 4번 하우스에서 룰러십을 얻은 비너스를 가진 예이츠는 아름다움에 대한 근원적인 감수성의 소유자로서 불멸의 미(美)에 입각한 많은 시를 남겼다.

◑. 일반적으로 운명이 바뀌기 전까지 다시 말해서 운이 변화하기 전까지는 특정인 자신의 성격을 잘 바꾸지 못하거나 바뀌지 않는다. 그러나 일반인들의 차트에서 파이씨즈 별자리는 타인들을 자신의 스타일로 물들게 하는 힘이 있다. 자신의 차트에서 파이씨즈가 있는 곳은 남에게 쉽게 물들거나 자신이 타인을 물들게 하는 인자(factor)를 지닌다. 따라서 특정인이 주로 주변 사람들이나 타인들에게 어떤 영향력을 행사하는지 그리고 어떤 영향력을 잘 받는지를 보려면 넵튠과 파이씨즈 하우스 그리고 12번째 하우스를 통괄해서 살펴보는 게 필요하다.

◑. 파이씨즈가 자신의 예술적 기질을 현실화시키기 위해서는 열정이 필요하다. 강한 불기운을 가진 파이씨즈들은 천부적인 예술가 기질을 가질 가능성이 많다. 만일 여기에 흙의 기운을 부여한다면 자신의 예술성을 현실에서 꽃피울 수도 있다.

♓. 파이씨즈가 어느 하우스에 존재든지 그곳에는 혼란과 미몽, 무지와 미혹이 있음으로써 고생스러운 현실의 벽에 부딪히게 된다. 파이씨즈의 성질이 예술로 승화된다면 이들은 사회에 편입되어 자신의 룰러인 쥬피터의 역할을 해낼 것이다. 또 다른 룰러인 넵튠은 예술가로서 그에게 최고의 감수성과 상상력을 부여한다. 그러나 예술과 광기가 동전의 앞뒷면인 것처럼 이들은 혼란과 광기, 그리고 정상과 비정상 사이를 오고 가면서 종국에는 소금인형이 바닷물에 녹아버리듯이 전체와 하나 되고 하나와 전체가 된다. 이러한 관점에서 희생과 예술가의 싸인인 파이씨즈를 파악할 때 중요한 점은 현실 세계에서의 파이씨즈냐 아니면 영성과 힐링 세계에서의 파이씨즈냐에 따라서 운명이 바뀌게 되는 점을 주목해야 한다.

♓. 또한 영화나 사진의 싸인이기도 한 파이씨즈는 무의식과 미몽 그리고 그 끝도 없는 환상의 파노라마를 예술 작품으로 승화시키기도 한다. 그리고 그것은, 많은 사람들이 고달픈 현실의 세계에서 벗어나 꿈과 환상의 세계로 발돋움하게 함으로써 삶을 정화하고 윤택하게 하는 힘을 가진다. 이러한 점에서 쥬피터와 넵튠을 아우르는 양적인 기운을 보여준다.

♓. 이들은 직관과 감정을 믿는다. 삶에 있어서 보다 영적인 가치를 추구한다. 행운의 숫자는 2와 6이다. 옅은 초록색과 터키색으로 표현되며 대표 금속은 플래티늄이다. 예측할 수 없는 상황에 이끌리고 위험하며 결여된 사람들과 상황에 끌릴 수 있는 위험이 있다. 파이씨즈의 룰러인 넵튠은 1846년에 발견됐다.

☙. 강한 예술적 재능을 가진 파이씨즈는 환상적이고 낭만적인 삶을 상상한다. 이들이 불과 흙의 기운을 보충한다면 환상 속의 소망을 현실로 이룰 수 있는 능력을 가지게 된다. 파이씨즈는 매력적이고 낭만적인 외모를 가졌으며 자신이 원하지 않는 것은 스스로 안 보도록 선택할 수 있는 능력을 지녔다. 이들은 타인을 강한 에고로 거부하지 않는다. 매우 매력적이고 아름답고 마력과도 같은 힘이 있다. 이들은 몸이 허약하고 경제적으로 힘든 삶을 살기도 한다. 과거를 그리워하고 다른 세상이 있다고 믿으며 강한 영적인 시각을 가지고 있다. 타인의 모습을 휴머니즘의 견지에서 바라보지만 이러한 특성 때문에 잘못된 사랑에 빠지거나 다른 사람들이 절대로 선택하지 않을 것 같은 사람과의 사랑으로 불행한 결과를 갖기도 한다.

☙. 파이씨즈는 흉내 내는 재능을 가졌다. 이들은 극장을 좋아한다. 파이씨즈는 슬픈 이야기와 드라마를 좋아하고 잃어버린 동물이나 행복하지 않은 사람들을 보면 눈물을 흘리기도 한다. 주변 상황을 스펀지처럼 빨아들이기 때문에 우울하고 기분 변화가 심하다.[14]

☙. 상상력이 풍부한 대신 현실에서 일어나지 않을 일들에 대한 불안과 걱정 그리고 두려움은 이들은 우울하게 한다. 파이씨즈 라이징 차트를 가진 사람들은 인생의 초반부에 적이었던 친구가 인생의 후반부에 가치 있는 친구로 변하는 경우가 종종 있다. 이들은 작가나 여행 관련 직업에서 성공적일 수 있다.

---

14) 서양 예측 점성술의 기예(The art of predictive astrology/ 캐롤 러쉬맨 저. 로즈 임 지혜 역) 참조

℞. 강한 파이씨즈는 영적 능력을 지닌다. 비전을 보고, 다른 사람을 깊숙이 들여다보는 능력을 가지며 예언 능력이 있을 수도 있다. 오컬트에 많은 관심을 갖는다. 교묘하고 직관적이며, 그가 의미하는 거대한 대양의 거센 파도처럼 변화에 잘 적응한다. 에소테릭의 관점에서 파이씨즈는 오래된 영혼이고 가장 거대한 영혼이다. 1번 싸인인 에리즈는 가장 어린 영혼이다. 이들은 일상적으로 설명할 수 없는 사건이나 신비 현상을 경험하기도 한다.

℞. 파이씨즈가 경제적으로 어려움을 겪는 이유는 이들의 에고가 불분명하기 때문인 것도 그 이유 중의 하나다. 파이씨즈의 싸인이 상징하는 꼬리가 하나인 두 마리 물고기는 움직이기 위해서 상대의 뜻을 따라야 하고, 상대의 뜻을 따르기 위해서는 자신을 버려야 한다. 자신을 버리는 것은 에고를 버려야 하는 것이고, 에고를 버리는 것은 소금 인형이 바다에 자신의 몸을 녹여서 바다와 하나 되는 것처럼 고통스러운 과정을 의미한다. 굴복해야 하는 것이 파이씨즈의 고통이다. 사실상 에고를 버린다는 것은 현실 세상에서 자신의 정체성을 버리는 것과 마찬가지다. 정체성을 확고하게 갖는 것은 물질이 지배하는 사회에서 자신의 입지를 세우기 위해 중요하다. 그리고 그러한 기반하에 튼튼한 경제적 기반이 마련되는 것이다. 이러한 이유에서 파이씨즈들은 현실에서 경제적 어려움을 가질 수 있다. 이들은 타인을 잘 믿고 자신의 돈을 투자하거나 꾸어주거나 줘버리는데, 결국 돌려받지 못하는 경우가 아주 많다.